2024 MLB NL WEST GUIDE-BOOK

CONTENTS

2024 MLB 30 TEAMS

NL WEST DIVISION 5 TEAMS*

NATIONAL LEAGUE

ATLANTA BRAVES
*LOS ANGELES DODGERS
MILWAUKEE BREWERS
PHILADELPHIA PHILLIES
*ARIZONA DIAMONDBACKS
MIAMI MARLINS
CHICAGO CUBS
*SAN DIEGO PADRES
CINCINNATI REDS
*SAN FRANCISCO GIANTS
PITTSBURGH PIRATES
NEW YORK METS
WASHINGTON NATIONALS
ST. LOUIS CARDINALS
*COLORADO ROCKIES

AMERICAN LEAGUE

BALTIMORE ORIOLES
TAMPA BAY RAYS
HOUSTON ASTROS
TEXAS RANGERS
TORONTO BLUE JAYS
SEATTLE MARINERS
MINNESOTA TWINS
NEW YORK YANKEES
BOSTON RED SOX
DETROIT TIGERS
CLEVELAND GUARDIANS
LOS ANGELES ANGELS
CHICAGO WHITE SOX
KANSAS CITY ROYALS
OAKLAND ATHLETICS

2023
R E V I E W

성과와 숙제가 공존했던 ──
── 100승 팀 LA 다저스

지난 2018 시즌을 끝으로 5할 승률을 기록하지 못한 콜로라도 로키스를 제외하면 나머지 3개 팀이 다시 한번 '타도 LA 다저스'를 외친 2023 시즌. 그 선두에는 또 한 번의 화끈한 투자를 감행한 샌디에이고 파드리스가 있었다. 파드리스는 이미 내야 포화 상태였음에도 FA 유격수 잰더 보가츠와 11년 계약을 맺으며 날개를 다는 것 같았지만, 정작 시즌이 시작되자 추락을 거듭했다. 특히, 연장전 2승 12패 (승률 .143) 및 1점 차 경기 9승 23패 (.281)라는 '뒷심 부족'이 거듭되며 실속 없는 야구가 이어진 것은 치명적이었다. 만일 마지막 27경기에서 20승을 쓸어 담는 막판 스퍼트가 아니었더라면 5할 승률은 요원했을 것이다. 뜻대로 풀리지 않은 시즌 속에서 김하성의 성장(MVP 14위, 골드글러브 수상)은 몇 안 되는 위안거리 중 하나였다. 비록 FA 애런 저지 영입엔 실패했지만, 샌프란시스코 자이언츠도 마이클 콘포토와 미치 해니거 등 '분산 투자'를 통해 전력 강화를 시도했다. 하지만 단 하루도 서부 지구 1위를 차지하지 못한 자이언츠는, 엎친 데 덮친 격으로 마지막 28경기에서 9승에 그친 뒤 와일드 카드마저 놓치며 체면을 구겼다. 결국 시즌 후, 자이언츠는 캐플러 감독 해임을 시작으로 코칭 스태프에 대대적인 변화를 가져가게 된다.

오히려 눈에 띄는 팀은 애리조나 다이아몬드백스였다. 후반기 주춤한 페이스에도 불구하고 일단 와일드 카드로 '가을 야구'에 오른 방울뱀은 내셔널리그 그 어느 팀보다 치명적이었다. 시즌 100승 팀이자 같은 지구 '터줏대감' 다저스를 상대로 3연승을 거두며 NLDS를 싹쓸이한 것인데, 전년도 리그 우승 팀인 필라델피아를 상대로 NLCS 6, 7차전 연승으로 월드 시리즈까지 오르는 쾌거를 올렸다. 비록 2001년 이후 프랜차이즈 두 번째 우승 트로피를 들어 올리진 못했지만, 리빌딩 시대를 지나 '달리는 팀'으로 자리 잡게 되었다는 것은 큰 소득이었다. 이처럼 같은 지구에 있는 팀들의 희비가 엇갈리는 사이, 2023 내셔널리그 서부지구는 다시 한 번 다저스의 차지였다. 지구 2위 애리조나와는 무려 16경기 차이가 나는, 그야말로 압도적인 디비전 우승이었다. 문제는 '포스트시즌 울렁증'까지 똑같이 되풀이됐다는 것이다. 애리조나에게 충격의 3연패를 당하며 가을야구 조기 탈락을 다시 겪은 다저스는, 최근 2년간 NLDS에서 1승 6패의 저조한 성적을 반복하고 있다. 6할 이상 승률을 5시즌 연속으로 기록했고, 단축 시즌이었던 2020년을 제외하면 모두 100승 이상을 거둔 다저스에겐 성과만큼이나 '숙제'가 남는 한 해였다.

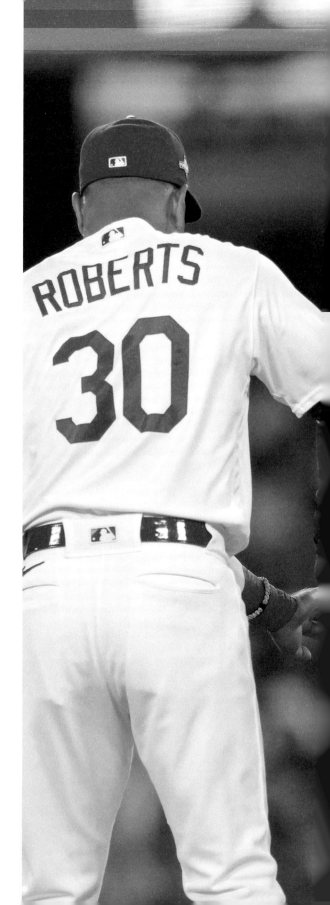

다시 돌아온─────
─────와일드 와일드 웨스트

11년 연속 가을야구에 진출했지만, 월드시리즈 우승은 한 차례뿐이었던 것에 자극을 받은 것일까. 다저스는 총액 12억 달러(한화 약 1조 6천억 원)가 넘는 계약으로 역사상 손꼽히는 전력 보강에 성공했다. 시대의 아이콘이라 할 수 있는 오타니 쇼헤이와 10년간 7억 달러라는 믿기 힘든 계약을 체결했고, 빅리그에서 공 한 번 던져본 적 없는 야마모토 요시노부에게 최고액 투수 왕관을 씌워 주는 등 파격적인 딜을 잇따라 맺은 덕이다. 막강한 전력에 최정상급 선수마저 싹쓸이하며 '공공의 적'이 된 다저스와 함께, 이제 많은 야구 팬의 관심은 내셔널리그 서부지구로 향하게 됐다. 디비전 우승 단골 다저스를 필두로, 지난해 월드 시리즈까지 오르며 '내셔널리그 우승팀'으로 거듭난 애리조나가 대항마로 꼽힌다. 여기에 141년 구단 역사상 외부 FA(포스팅 포함) 선수에게 최고액 계약을 안기며 이정후를 영입한 샌프란시스코. 구단주의 갑작스런 타계 속에서 팀을 재정비하고 있는 샌디에이고 등도 판도를 흔들 수 있는 다크호스들이다. 100패 팀 콜로라도가 열세이긴 하지만, 고지대 쿠어스 필드를 홈으로 하는 '산 야구'는 늘 변수가 많기 때문에, 순위 다툼에 큰 영향을 줄 가능성이 있다.

국내 선수로 눈을 돌려보면, 가장 먼저 눈에 띄는 것은 김하성이다. 시즌 후 FA가 되는 그는, 최근 두 시즌 동안 보여준 가파른 상승세가 우연이 아님을 증명할 기회를 잡았다. 아시아 선수 최초로 내야수 골드 글러브 수상에 성공한데다 타격에서도 성장세를 보여 'FA 대박'을 노려볼 수 있는 상황이다. 올해만 28세로 여전히 젊은 나이라는 점, 최근 트렌드인 '멀티 포지션' 선수라는 점 등도 그가 가진 매력이다. 구단 단장이 직접 방한했을 정도로 노골적인 관심과 애정을 드러냈던 샌프란시스코 유니폼을 입게 된 '빅리그 신인' 이정후의 활약도 관심사이다. 이정후는 타격 성적뿐 아니라, 수 년째 팀의 고민거리인 중견수 수비에서도 안정감을 불어넣어야 하는 상황이다. 부담이 될 수 있는 배경이지만, 좋은 모습을 보인다면 오히려 더 빠르게 스타덤에 오를 수 있다는 뜻이기도 하다. 원 소속팀 LG 트윈스의 배려와 함께 빅리그 도전의 꿈을 이룬 고우석도 시즌 출발은 트리플A에서 하게 됐지만, 많은 기대를 받고 있다. 샌디에이고 마무리 투수 조시 헤이더의 이적으로 '불펜 벌떼 야구'의 중요성이 그 어느 해보다 중요해진 팀 상황 때문이다. 고우석의 활약 여부에 따라 KBO리그 불펜 투수들에 대한 메이저리그 구단의 관심 및 평가가 달라질 수 있다는 점에서, 그의 데뷔 시즌은 또 다른 의미를 갖는다.

LOS ANGELES

DODGERS

SINCE 1884

LA 다저스

창단연도 1884년(140주년)
우승 월드시리즈 7회, 내셔널리그 24회, 디비전 21회
홈구장 다저스타디움(1962~)
구단주 구겐하임 베이스볼 매니지먼트(마크 월터)
사장 앤드류 프리드먼
단장 브랜든 곰스
연고지 뉴욕주 뉴욕시 브루클린(1884~1957)
캘리포니아주 로스앤젤레스(1958~)

캘리포니아주 로스앤젤레스

미국 캘리포니아주 남부에 위치한 도시. 동부의 뉴욕시에 이어 미국에서 두 번째로 큰 도시이자 서부에서 가장 큰 도시다. 로스앤젤레스(Los Angeles)는 스페인어로 '천사들'이라는 뜻으로 줄여서 흔히 LA라고 부른다. 따뜻한 지중해성 기후, 해변, 민족적·문화적 다양성, 할리우드와 디즈니랜드로 대표되는 문화산업, 광대한 교외 지역을 모두 지닌 로스앤젤레스는 아메리칸 드림(American Dream)의 상징이기도 하다. 20세기 초까지만 하더라도 단지 서부의 '큰 마을' 중 하나에 불과했던 로스앤젤레스는 골드러시, 원유 발견을 계기로 성장하기 시작해 철도망 등 인프라 구축을 통해 상업, 농업, 관광을 비롯한 각종 산업의 중심지로 발전해왔으며 현재는 유수의 국제도시로 명성을 날리고 있다. 뉴욕과 더불어 미국에서 가장 경제 규모가 큰 빅마켓답게 스포츠 프랜차이즈로는 다저스 외에도 미국프로농구(NBA) 구단인 레이커스와 클리퍼스, 프로미식축구(NFL) 구단인 차저스와 램스, 프로아이스하키(NHL) 구단인 킹스 등이 있으며 광역권으로 범위를 넓히면 MLB 구단 에인절스, NHL 구단 애너하임 덕스, 미국프로축구(MLS) 구단 갤럭시와 로스앤젤레스 FC도 있다.

RETIRED NUMBERS

1 피 위 리즈	**2** 토미 라소다
4 듀크 스나이더	**14** 길 호지스
19 짐 길리엄	**20** 돈 서튼
24 월터 앨스턴	**32** 샌디 코팩스
34 페르난도 발렌수엘라	**39** 로이 캄파넬라
42 재키 로빈슨	**53** 돈 드라이스데일

WORLD SERIES

1955
1959
1963
1965
1981
1988
2020

NATIONAL LEAGUE

1890	1899
1900	1916
1920	1941
1947	1949
1952	1953
1955	1956
1959	1963
1965	1966
1974	1977
1978	1981
1988	2017
2018	2020

WEST DIVISION

1974	1977
1978	1981
1983	1985
1988	1995
2004	2008
2009	2013
2014	2015
2016	2017
2018	2019
2020	2022
2023	

* 마이크 영구결번 : 빈 스컬리, 하이메 하린

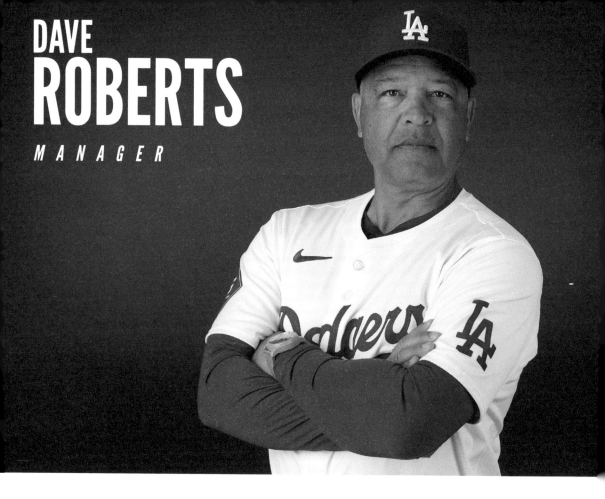

DAVE ROBERTS

MANAGER

감독	데이브 로버츠(51세)
선수경력	클리블랜드(1999~2001) 〉 다저스(2002~2004) 〉 보스턴(2004)
	샌디에이고(2005~2006) 〉 샌프란시스코(2007~2008)
감독경력	통산 1196경기 753승 443패 | 승률 .630
	샌디에이고(2015) | 다저스(2016~)
	NL 올해의 감독상(2016) | 월드시리즈 우승(2020)

일본계 미국인 감독. 일본 오키나와에서 태어나 어린 시절 미군인 아버지를 따라 여러 지역으로 이사를 다닌 끝에 샌디에이고에 정착했다. 고교 시절 야구뿐만 아니라 다양한 종목에서 두각을 드러난 로버츠는 UCLA에 진학해 1994년 신인 드래프트 28라운드에 디트로이트의 지명을 받았고 1999년 빅리그에 데뷔했다. 이후 빠른 발을 앞세워 통산 243도루를 기록했다. 선수 시절 하이라이트는 2004년 ALCS 4차전에서 9회말 대주자로 출전해 양키스를 상대로 한 도루. 일명 더 스틸(The Steal)이다. 이 플레이에 힘입어 보스턴은 밤비노의 저주를 깨고 86년 만에 우승을 차지했다. 2008년을 끝으로 현역에서 은퇴한 로버츠는 2009년 NESN 해설자를 거쳐 2010년 샌디에이고 코치진에 합류했고 2015년 버드 블랙 감독이 해임됐을 땐 감독대행으로 1경기를 맡기도 했다. 이후 2016년 다저스의 감독으로 선임되어 753승 443패 (승률 0.630)를 기록하며 2016년 올해의 감독상을 수상했고 2020년 월드시리즈 우승을 이끌었다. 감독으로서 로버츠의 평가는 극명하게 엇갈린다. 막강한 전력을 바탕으로 정규시즌엔 압도적인 승률을 기록하지만 막상 가을야구에선 단축시즌(2020년) 우승을 제외하면 실망스러운 결과를 남겼기 때문이다. 특히 다저스는 최근 두 시즌 연속으로 포스트시즌 첫 라운드에 탈락하기도 했다. 그렇기에 로버츠 감독에겐 올 시즌 성적이 더욱 중요하다.

LINE-UP

POTENTIAL 2024 DEFENSIVE ALIGNMENT

| LF |
테오스카 에르난데스

| CF |
제임스 아웃맨

| RF |
제이슨 헤이워드

| SS |
무키 베츠

| 2B |
개빈 럭스

| 3B |
맥스 먼시

| 1B |
프레디 프리먼

| DH |
오타니 쇼헤이

| C |
윌 스미스

BATTING ORDER

1 무키 베츠 SS/L
2 오타니 쇼헤이 DH/L
3 프레디 프리먼 1B/L
4 윌 스미스 C/R
5 맥스 먼시 3B/L
6 테오스카 에르난데스 LF/R
7 제임스 아웃맨 CF/L
8 제이슨 헤이워드 RF/L
9 개빈 럭스 2B/R

COACHING STAFF

벤치 대니 레만
타격 애런 베이츠, 로버트 반 스코욕
투수 마크 프라이어
보조투수 코너 맥기네스
1루 클레이튼 맥컬러프
3루 디노 이블
불펜 조시 바드
필드코디네이터 밥 게렌
불펜포수 스티브 실라디

2023 DATA REVIEW

STATS

906	2위 : 득점	승리 : 3위	100
1422	8위 : 안타	패배 : 28위	62
249	2위 : 홈런	세이브 : 공동 11위	44
877	2위 : 타점	이닝 : 5위	1446.1
105	19위 : 도루	실점 : 20위	699
644	2위 : 볼넷	탈삼진 : 17위	1388
1359	20위 : 삼진	선발 ERA : 20위	4.57
0.257	7위 : 타율	불펜 ERA : 3위	3.42
0.344	2위 : 출루율	피안타율 : 공동 4위	0.225
0.795	2위 : OPS	WHIP : 1위	1.17

RECORDS

0.331	프레디 프리먼 : 타율	승리 : 클레이튼 커쇼	13
107	무키 베츠 : 타점	ERA : 브루스다 그라테롤	1.20
39	무키 베츠 : 홈런	탈삼진 : 클레이튼 커쇼	137
23	프레디 프리먼 : 도루	세이브 : 에반 필립스	24
8.3	무키 베츠 : WAR	WAR : 클레이튼 커쇼	3.7

목표는 하나, 바로 우승이다

PREVIEW 다저스는 2023시즌 100승 62패(0.617)로 내셔널리그(NL) 서부지구 1위를 차지했다. 그러나 NLDS에서 애리조나에 3연패를 당하며 허무하게 시즌을 마감했다. 조기 탈락의 가장 큰 원인은 선발진에 있었다. 1차전 선발 클레이튼 커쇼가 0.1이닝 6실점으로 커리어 최악의 투구를 펼쳤고, 2차전 선발로 나선 신인 바비 밀러도 부담감을 이겨내지 못하고 1.2이닝 3실점에 그쳤다. 3차전 선발 랜스 린 역시 포스트시즌 최초로 한 이닝에 홈런 4방을 내주며 2.2이닝 4실점으로 무너졌다. 타선 역시 패배의 책임에서 자유로울 순 없었다. 특히 MLB 역대 최고 테이블세터진이라 평가받던 무키 베츠(11타수 0안타)와 프레디 프리먼(10타수 1안타)가 합계 21타수 1안타(타율 0.048)에 머물렀다. 하지만 가을야구 참사로 인한 팬들의 야유는 곧 환호로 바뀌었다.

'FA 최대어' 오타니 쇼헤이를 전 세계 스포츠 역사상 최고액인 10년 7억 달러(9365억 원)에 영입한 데 이어 NPB를 평정하고 포스팅을 신청한 야마모토 요시노부와도 투수 역대 최고액인 12년 3억 2500만 달러(4348억 원)에 계약을 체결했기 때문이다. 폭풍 영입은 여기서 끝나지 않았다. 탬파베이에서 우완 강속구 투수 타일러 글래스나우를 트레이드로 영입한 후 5년 1억 3650만 달러(1826억 원)에 연장계약을 체결했고 우타 거포 외야수 테오스카 에르난데스를 1년 2350만 달러(315억 원), 베테랑 좌완 선발 제임스 팩스턴을 1년 700만 달러에 영입했다. 여기에 더해 지난시즌을 끝으로 FA 자격을 얻은 외야수 제이슨 헤이워드(1년 900만 달러), 우완 불펜 라이언 브레이저(2년 900만 달러), 조 켈리(1년 800만 달러)를 눌러 앉혔다. 마지막으로 팀의 레전드 클레이튼 커쇼와 1+1년 1000만 달러(134억 원)에 선수 친화적인 계약을 맺으며 화룡점정을 찍었다. 지난 오프시즌에 쓴 돈만 약 12억 2800만 달러(1조 6,422억 원)에 달하는 다저스의 목표는 하나. 바로 우승이다.

OHTANI SHOHEI

오타니 쇼헤이

29세 | 투타겸업 | 우투좌타 | 193cm 95kg | 일본

17

메이저리그 현역 최고의 슈퍼스타. 프로야구에선 불가능하다고 여겨졌던 투타겸업으로 일본프로야구를 평정한 후 2018년 메이저리그 진출 첫 해 아메리칸리그 신인왕을 차지한 데 이어 2021년 만장일치 MVP에 선정됐고, 2022년에는 역대 최초로 단일시즌 15승–30홈런 클럽 가입 및 규정 이닝과 규정 타석을 동시에 달성하는 등 메이저리그의 역사를 새로 썼다. 지난해에는 월드 베이스볼 클래식(WBC)에 출전해 일본 대표팀의 우승을 이끌며 대회 MVP에 선정됐을 뿐만 아니라 정규시즌에는 10승–40홈런 클럽에 가입함과 동시에 아시아 출신 선수로선 처음으로 홈런왕을 차지했고, 커리어 두 번째 만장일치 MVP에 선정되면서 MLB 역사상 첫 만장일치 MVP 2회 이상 수상자가 됐다. 그리고 2023시즌 종료 후 FA 자격을 얻은 오타니는 다저스와 10년 7억 달러(약 9,331억 원) 계약을 맺으면서 단일 계약으론 전 세계 프로스포츠 역사상 최고액을 경신했다. 이는 종전 MLB 최대 규모

였던 마이크 트라웃의 4억 2650만 달러보다 3억 달러 가까이 많은 금액이기도 하다. 그런데 계약 발표 이후 또 하나의 놀라운 소식이 전해졌다. 오타니 측에서 먼저 계약 금인 7억 달러 중 약 97%인 6억 8000만 달러(약 9,064억 원)를 계약 기간 후 받겠다고 제안했다는 것. 이에 따라 오타니가 올해 다저스로부터 받게 될 연봉은 200만 달러(약 27억 원)에 불과하다. 우승을 향한 오타니의 강한 의지를 확인할 수 있는 대목이다. 아쉽게도 올해는 오타니의 투타겸업을 지켜보긴 어려울 전망이다. 지난해 9월 오타니의 오른쪽 팔꿈치 수술을 집도한 닐 엘라트라체 박사는 "오타니가 2024년 개막전에 타자로 출전할 것으로 기대하며, 2025년에는 투수로도 복귀할 수 있을 것"이라고 전한 바 있다. 하지만 타격 능력만 놓고 보더라도 메이저리그 최정상급 실력을 자랑하는 오타니의 합류는 올해 다저스에 큰 힘이 될 전망이다. 과연 오타니는 다저스를 월드시리즈 우승으로 이끌 수 있을까? 오타니의 2024시즌을 전 세계 모든 야구팬들이 주목하고 있다.

	경기	승	패	이닝	ERA	탈삼진	QS	피안타율	WHIP	bWAR
2023	23	10	5	132	3.14	167	12	0.184	1.061	4.0
통산	86	38	19	481.2	3.01	608	47	.221	1.15	15.1

	경기	득점	안타	홈런	타점	도루	볼넷	타율	OPS	bWAR
2023	135	102	151	44	95	20	91	0.304	1.066	6.0
통산	701	428	681	171	437	86	351	0.274	0.922	19.6

MOOKIE BETTS

무키 베츠

31세 | 우익수 | 유격수 | 우투우타 | 175cm 81kg | 미국

50

메이저리그 최고의 5툴 플레이어 중 한 명. 2011년 신인 드래프트 5라운드 172번째로 보스턴 레드삭스의 지명을 받은 후 2014년 빅리그에 데뷔했고 이듬해부터 메이저리그를 대표하는 호타준족 외야수로 떠올랐다. 또한, 골드글러브를 6차례나 수상했을 정도로 수비력이 뛰어난 외야수이기도 했다. 특히 2018년에는 타격왕과 함께 30홈런-30도루 클럽에 가입했고 소속팀 보스턴을 월드시리즈 우승으로 이끌며 아메리칸리그 MVP를 차지했다. 이후 2020시즌을 앞두고 블록버스터 트레이드를 통해 다저스로 이적한 베츠는 다저스와 12년 3억 6500만 달러(약 4875억 원)에 연장계약을 체결했고, 단축시즌으로 치러진 이적 첫 시즌 가을야구에서 눈부신 활약을 펼치며 다저스를 32년 만에 정상의 자리에 올렸다. 지난해 베츠는 5년 만에 3할 타율에 복귀함과 동시에 커리어 최다인 39홈런으로 내셔널리그 MVP 투표 2위에 오르면서 2018시즌 이후 최고의 활약을 펼쳤다. 놀라운 점은 그의 공식 신장이 175cm밖에 되지 않는다는 것. 그럼에도 불구하고 단일시즌 40홈런 가까이 때려낸 비결은 최고 수준의 핸드-아이 코디네이션(Hand-Eye Coordination: 눈과 손의 협응능력)을 바탕으로 히팅 포인트를 앞에 두고 강하게 당겨치는 스윙을 구사하기 때문이다. 베츠의 운동 신경은 야구에만 국한되지 않는다. 단신임에도 불구하고 제자리에서 원핸드 덩크슛이 가능한 베츠는 고교 시절 지역 농구 리그 MVP에 선정된 뛰어난 포인트가드였을 뿐만 아니라 미국 프로볼링연맹에 등록된 프로 볼링 선수이자, PGA 투어 골프대회에 정식 출전할 정도로 골프 실력 역시 출중한 것으로 알려졌다. 한편, 지난해 베츠는 다저스의 팀 사정으로 인해 기존 주 포지션이었던 우익수 외에도 빅리그 데뷔 이후 거의 출전하지 않았던 2루수(70경기), 유격수(16경기)로도 자주 나서서 평균 이상의 수비를 펼치며 다시 한번 MLB 팬들을 놀라게 했다. 그리고 올해부터는 다저스의 풀타임 유격수로 출전할 예정이다.

	경기	득점	안타	홈런	타점	도루	볼넷	타율	OPS	bWAR
2023	152	126	179	39	107	14	96	0.307	0.987	8.3
통산	1265	996	1485	252	756	172	614	0.294	0.900	64.5

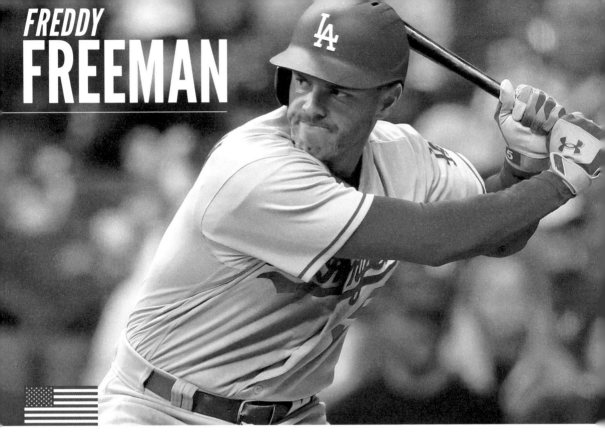

FREDDY FREEMAN

프레디 프리먼

34세 | 1루수 | 우투좌타 | 196cm 99kg | 미국

5

정교함과 파워를 동시에 갖춘 현역 최고의 1루수 중 한 명. 2007년 신인 드래프트 2라운드 전체 78번째로 애틀랜타 브레이브스의 지명을 받은 후 2010년 빅리그에 데뷔했고, 2013년을 기점으로 리그 정상급 1루수로 발돋움했다. 특히 단축 시즌이었던 2020년 타율 0.341 13홈런 53타점 OPS 1.102으로 내셔널리그 MVP를 차지했고, 이듬해인 2021년에는 정규시즌 타율 0.300 31홈런 83타점 OPS 0.896를 기록한 데 이어 가을야구에서도 맹활약을 펼치며 소속팀 애틀랜타의 월드시리즈 우승을 이끌었다. 2021시즌 종료 후 FA 자격을 얻은 프리먼은 원 소속팀인 애틀랜타와 계약 금액에 있어서 이견을 좁히지 못하면서 스프링 트레이닝을 앞두고 고향팀인 다저스로 이적했다. 계약금은 6년 1억 6200만 달러(약 2162억원). 전성기에서 내려올 나이인 만 32세에 맺은 계약치고는 다소 많은 것이 아니냐는 의견도 있었지만 현재까지만 놓고 봤을때 다저스의 프리먼 계약은 매우 성공적인 사례가 되어가고 있다.

이적 첫 해인 2022년 타율 0.325 21홈런 100타점 OPS 0.918을 기록했을 뿐만 아니라 득점(117) · 안타(199) · 2루타(47) · 출루율(0.407)에서 NL 1위를 차지하며 MVP 투표 4위에 올랐고, 2023년에는 한술 더 떠 타율 0.331 29홈런 102타점 OPS 0.976을 기록하며 MVP 투표 3위에 올랐기 때문이다. 한편, 지난해 프리먼은 2루타 59개를 기록하며 지난 87년간 단일시즌 가장 많은 2루타를 때려낸 타자가 됐고, 타석당 견제 횟수 제한과 베이스 크기 확대로 인해 주자에게 유리한 환경이 조성되자 만 33세의 나이로 커리어 하이인 23도루(1실패)를 기록하며 화제를 모으기도 했다. 프리먼의 뛰어난 야구 센스를 확인할 수 있는 대목이다. 다저스 이적 후 장타에 대한 부담을 덜어낸 프리먼은 주로 2번 타자로 기용되며 1번 타자인 무키 베츠와 함께 MLB 역사상 손에 꼽히는 테이블세터진을 구축하고 있다.

	경기	득점	안타	홈런	타점	도루	볼넷	타율	OPS	bWAR
2023	161	131	211	29	102	23	72	0.331	0.976	6.5
통산	1885	1217	2114	321	1143	89	932	0.301	0.902	55.7

CLAYTON KERSHAW

클레이튼 커쇼

35세 | 선발투수 | 좌투좌타 | 193cm 102kg | 미국

22

다저스의 영원한 에이스. 2006년 신인 드래프트 1라운드 전체 7번째로 다저스의 지명을 받은 후 2008년 빅리그에 데뷔했고 2011년부터 2017년까지 7년간 다승왕 3회, 평균자책점왕 5회, 탈삼진왕 3회를 기록. 사이영상을 3차례나 거머쥐며 그야말로 메이저리그를 지배했다. 특히 2011년 21승 5패 248탈삼진 평균자책점 2.28으로 투수 트리플크라운을 달성했고, 2014년에는 21승 3패 239탈삼진 평균자책점 1.77을 기록하며 투수로서 MVP에 올랐다. 하지만 고질적인 허리 부상이 악화된 2018년을 기점으로 커쇼는 더이상 이전 같은 지배력을 보이지 못하고 있다. 무엇보다 지난 6년간 규정이닝을 넘긴 적이 한 번에 불과할 정도로 잦은 부상에 시달리는 것이 문제다. 그럼에도 같은 기간 평균 성적이 11승 5패 평균자책점 2.77에 달하는 데에서 알 수 있듯이 여전히 마운드에만 오르면 1선발급 활약을 펼치고 있다. 실제로 지난해에도 커쇼는 대부분의 투수 지표에서 팀내 1위에 올랐다. 이는 전성기 대비 구위가 하락했음에도 독특한 투구폼과 노련한 완급조절로 타자의 타이밍을 빼앗고 있기 때문이다. 그러나 커쇼에게 2023시즌은 긍정적인 점과 부정적인 점이 공존하는 한 해이기도 했다. 정규시즌 초토화된 다저스의 선발진을 지탱하며 에이스다운 활약을 펼친 커쇼는 통산 210승으로 구단 역대 다승 단독 2위에 올랐다. 하지만 시즌 중반 어깨 부상 이후 구속이 현저히 감소하면서 불안한 모습을 노출했고, 결국 애리조나와 NLDS 1차전에서 0.1이닝 6실점으로 커리어 최악의 투구를 펼치며 다저스의 탈락에 일조했다. 또한, 이날의 부진은 커쇼가 가을야구에 유독 약하다는 인식이 더 강해지는 결과를 낳았다. 시즌 종료 후 어깨 수술을 받은 커쇼는 2024년 8월에 복귀하는 것을 목표로 밝혔지만, 평균적인 재활 기간을 고려했을 때 그의 2024시즌 복귀는 미지수다. 그러나 다저스는 1+1년 계약을 맺으면서 프랜차이즈 스타에 대한 예우를 갖췄다. 과연 커쇼는 재기에 성공해 다저스의 믿음에 부응할 수 있을까?

	경기	승	패	이닝	ERA	탈삼진	QS	피안타율	WHIP	bWAR
2023	24	13	5	131.2	2.46	137	11	0.209	1.06	3.7
통산	425	210	92	2712.2	2.48	2944	294	0.209	1.00	77.1

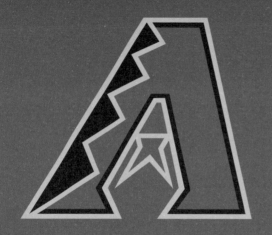

애리조나
다이아몬드백스

창단연도 1998년(26주년)
우승 월드시리즈 1회, 내셔널리그 2회, 디비전 5회
홈구장 체이스 필드(1998~)
구단주 대표 구단주 켄 켄드릭 외 2명
사장 마이크 헤이젠(단장 겸임)
단장 브랜든 곰스
연고지 애리조나주 피닉스

애리조나주 피닉스

애리조나주는 광활한 사막 지형과 그랜드 캐니언 등 산맥 지역
으로 유명하다. 매우 더운 여름과 온화한 날씨가 특징으로, 2
월부터 야구를 할 수 있을 정도로 따뜻한 기후 덕에 플로리다
와 함께 메이저리그 팀들의 스프링 트레이닝 장소로 활용되고
있다. 한여름에는 평균 기온이 40도를 넘어갈 정도로 덥고, 역
대 최고 기온은 무려 50도에 달한다. 따라서 애리조나 다이아
몬드백스의 홈구장 체이스 필드는 설계부터 개폐식 돔구장으
로 계획됐다. 기온이 높을 때는 구장 지붕을 닫고 에어컨을 강
하게 틀어야만 야구를 할 수 있는 환경이 마련될 정도다. 과거
애리조나의 경제는 '5C'로 대표되는 다섯 가지 산업에 의존했
다. '5C'란 면화(Cotton), 축산업(Cattle), 감귤류(Citrus), 관광
을 위한 기후(Climate), 구리(Copper)가 그것인데, 구리 산업
은 현재도 대규모의 광산과 함께 여전히 활성화돼 있다. 2020
년대에 들어서는 적극적인 투자 유치로 인텔과 TSMC 등 반도
체 기업의 공장을 건설하는 등 미래 먹거리 사업에도 관심을
보이고 있다. 남쪽으로는 멕시코와 국경을 맞대고 있어 대략
25%의 히스패닉 계열 주민 중 대부분이 멕시코 계통으로 구성
됐다. 주 면적의 약 4분의 1은 인디언 보호구역인데, 따라서 주
민의 약 5%가량은 아메리카 원주민이다.

RETIRED NUMBERS

20
루이스 곤잘레스

42
재키 로빈슨

51
랜디 존슨

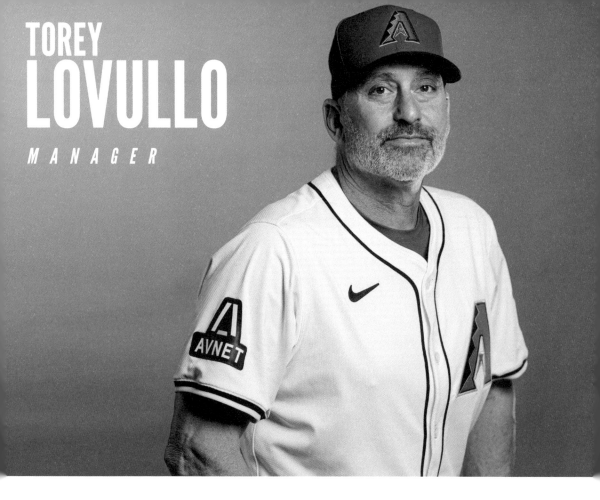

TOREY LOVULLO

MANAGER

감독	토리 러벨로(59세)
선수경력	디트로이트(1988~1989) 〉뉴욕 양키스(1991) 〉캘리포니아 에인절스(1993) 〉시애틀(1994)
	오클랜드(1996) 〉클리블랜드(1998) 〉필라델피아(1999) 〉야쿠르트 스왈로즈(2000)
감독경력	통산 1032경기 495승 537패 | 승률 .480
	애리조나(2017~)
	NL 올해의 감독상(2017)

러벨로 감독은 1988년 디트로이트에서 데뷔했으나 8시즌 동안 주로 내야 백업으로 뛰며 보잘것없는 성적을 남겼다(통산 15홈런 타율 0.224). 2000년, 일본으로 건너가 야쿠르트에서 선수 생활을 이어갔지만 부진 끝에 1년 만에 방출됐다. 곧바로 은퇴를 선언하고 클리블랜드 마이너리그에서 지도자의 길을 걸었다. 마이너리그 감독으로도 두 차례 우승을 이끈 그는 존 패럴의 부름으로 메이저리그 선수들을 지도한다. 토론토와 보스턴을 거치며 1루 코치, 벤치 코치를 역임했다. 2015년에는 패럴 감독의 림프종 투병으로 인해 감독 대행을 맡기도 했다. 2017년, 애리조나의 감독으로 부임한 러벨로는 신구조화를 이룬 로스터를 이끌고 6년 만에 가을야구 진출에 성공했다. 69승 93패를 거둔 팀을 맡아 93승 69패 팀으로 탈바꿈시킨 공로를 인정받아 생애 첫 올해의 감독상을 수상했다. 부침도 있었다. 2021년, 계약 만료를 앞두고 110패를 당해 경질 여론이 일었다. 그러나 구단은 경질 대신 1+1년 계약으로 기회를 줬다. 러벨로 감독은 "구단의 믿음에 보답해야겠다는 생각뿐이었다"고 당시를 회상했다. 지난해 베이스 크기 확대와 견제 제한 등 새로운 규칙이 도입되자 발 빠른 타자들을 과감히 기용해 주로 재미를 봤다. 스트롬 투수 코치와 적극적으로 소통해 유연한 마운드 운영을 더했다. 간신히 와일드카드를 차지한 애리조나가 월드시리즈까지 진출하는 데에는 그의 공이 컸다. 아쉽게 텍사스 상대로 무릎을 꿇은 뒤 그는 가족 품에 안겨 눈물을 흘렸다. 최선을 다한 남자의 눈물이었다.

LINE-UP

POTENTIAL 2024 DEFENSIVE ALIGNMENT

| LF |
루어데스 구리엘 주니어

| CF |
알렉 토마스

| RF |
코빈 캐롤

| SS |
헤랄도 페르도모

| 2B |
케텔 마르테

| 3B |
에우헤니오 수아레스

| 1B |
크리스티안 워커

| DH |
작 피더슨

| C |
가브리엘 모레노

BATTING ORDER

1 코빈 캐롤 RF/L
2 케텔 마르테 2B/S
3 크리스티안 워커 1B/R
4 작 피더슨 DH/L
5 가브리엘 모레노 C/R
6 에우헤니오 수아레스 3B/R
7 알렉 토마스 CF/L
8 루어데스 구리엘 주니어 LF/R
9 헤랄도 페르도모 SS/S

COACHING STAFF

벤치 제프 배니스터
타격 조 매더
보조타격 대미언 이즐리, 릭 쇼트, 드류 헤드먼
투수 브렌트 스트롬
보조투수 댄 칼슨
주루 데이브 맥케이, 토니 페리치카
불펜 마이크 페터스
불펜포수 샤리프 오스만, 호세 퀘리즈

2023 DATA REVIEW

STATS

746	15위 : 득점	승리 : 12위	84
1359	17위 : 안타	패배 : 12위	78
166	22위 : 홈런	세이브 : 공동 11위	44
706	15위 : 타점	이닝 : 17위	1435.1
166	2위 : 도루	실점 : 20위	761
540	15위 : 볼넷	탈삼진 : 24위	1351
1247	4위 : 삼진	선발 ERA : 21위	4.67
0.250	14위 : 타율	불펜 ERA : 18위	4.22
0.322	14위 : 출루율	피안타율 : 21위	0.249
0.730	17위 : OPS	WHIP : 19위	1.32

RECORDS

0.285	코빈 캐롤 : 타율	승리 : 잭 갤런	17
103	크리스티안 워커 : 타점	ERA : 메릴 켈리	3.29
33	크리스티안 워커 : 홈런	탈삼진 : 잭 갤런	220
54	코빈 캐롤 : 도루	세이브 : 폴 시월드	13
5.4	코빈 캐롤 : WAR	WAR : 잭 갤런	4.3

와일드카드의 기적은 올해에도 이뤄질 수 있다

PREVIEW 지난해 애리조나와 텍사스의 월드시리즈 맞대결을 예상한 전문가는 없었다. 그만큼 두 팀의 행보는 놀라움을 자아냈고, 한 팀은 웃었다. 애리조나에게 있어서 지난해 아쉬운 단 한 가지는 그 웃는 팀이 자신들이 아니었다는 것뿐이다. 마이크 헤이젠 단장은 시즌 결산 기자회견에서 "골포스트는 옮겨졌다"고 밝혔다. 기대 이상의 성적으로 다가올 시즌에 대한 목표가 높아졌다는 뜻이었다. 애리조나는 오프시즌 최우선 목표로 선발투수 영입을 내세웠다. 한 경기를 믿고 맡길 투수가 부족해 3인 로테이션과 불펜 게임을 치른 팀이 최정상에 오르길 바라는 것은 요행이라는 판단이었다. 헤이젠 단장은 FA 시장 초반부터 빠르게 움직였다. 좌완 선발 에두아르도 로드리게스와 4년 8,000만 달러에 계약을 맺었고, 시장에 끝까지 남은 조던 몽고메리와도 1년 보장 2,500만 달러로 저렴한 금액에 큰 보강을 이뤄냈다. 타선의 균형을 더해줄 우타자의 필요성도 느꼈다. 시애틀로부터 에우헤니오 수아레스를 영입했고 랜달 그리칙과 계약하며 외야 뎁스까지 더했다. 잭 피더슨 영입은 지명타자 슬롯에서의 공격력 강화와 우완 선발투수가 많은 서부지구 라이벌 팀들을 공략하기 위한 목적이었다. 다저스처럼 거대한 영입이 있지는 않았지만 나름 내실을 갖추는 데에 집중했다. 월드시리즈까지 진출하는 성과를 거뒀지만 중계 방송사 밸리스포츠의 파산으로 재정난을 겪고 있다. 선수단의 몸집이 크지 않아 덜 주목받긴 했지만, 애리조나도 샌디에이고에 이어 지난해 7월 중순부터 중계권료를 받지 못했다. 사무국은 중계방송을 MLB 네트워크 산하 채널이 맡아 이어갈 것이며, 중계권료 최대 80%를 보전해주겠다고 약속했지만 어떻게 될지는 알 수 없다. 텍사스나 미네소타, 클리블랜드가 밸리 스포츠와 1년 계약을 체결하며 단기적으로 문제를 해결한 것과는 상반된다. 그러나 돈 문제와 별개로 야구는 계속되어야 한다. 지난해를 기점으로 리빌딩의 성과를 보고 있는 애리조나는 큰 이탈 없이 전력을 유지했고, 선수단 연봉 총액은 리그 중위권 정도로 예상된다. 여전히 전력상으로는 지구 우승을 노리는 것보다 와일드카드 한 자리를 차지하는 것이 현실적이지만, 지난해 팀의 주축으로 거듭난 젊은 선수들이 더욱 성장하는 모습을 보인다면 와일드카드의 기적은 올해에도 이뤄질 수 있다.

CORBIN CARROLL

코빈 캐롤

23세 | 외야수 | 좌투좌타 | 178cm 74kg | 미국

7 애리조나는 지난해 개막을 앞두고 캐롤과 8년 1억 1,100만 달러의 연장 계약을 맺었다. 베이스볼 아메리카와 MLB 파이프라인 등 각종 유망주 랭킹에서 전체 2위를 차지했다지만 아직 빅리그에서 32경기밖에 뛰지 않은 신인에게 안겨준 대형 계약이었다. 캐롤은 구단의 기대치에 부응하며 팀의 핵심 타자로 성장했다. 풀타임 첫해 신인으로서는 메이저리그 역사상 최초로 25홈런 50도루를 넘어섰다. 당연히 내셔널리그 신인왕 투표에서도 제임스 아웃맨, 센가 코다이를 제치고 만장일치로 수상의 영광을 안았다. 1998년 창단한 애리조나의 첫 신인왕 수상자다. 캐롤이 지닌 가장 강력한 무기는 빠른 발이다. 2022년, 초당 30.7피트의 주루 속도를 기록, 리그에서 가장 빠른 선수로 이름을 올렸다. 캐롤이 지닌 주력은 베이스 확대와 견제 제한이라는 규정 변경과 맞물려 상대 배터리를 쉴 새 없이 흔들었다. 어린 시절 우상은 스즈키 이치로. 주루 능력에 있어서는 이치로에 버금가는 선수다. 특출난 컨택 능력과

선구안을 갖췄으며 근력이 붙으며 장타력도 크게 향상됐다. 말 그대로 5툴 플레이어다. 신인임에도 불구하고 캐롤이 지난해 포스트시즌에서 보여준 모습은 차세대 간판 스타로서의 자격이 충분했다. 선두타자로 나서 공격의 첨병 역할을 해냈으며, 결정적인 순간마다 베이스를 훔쳐 상대의 허를 찔렀다. 정규시즌에 보여줬던 모습 그대로였다. 창창한 미래를 기대하게 하는 캐롤이지만, 걱정되는 부분도 있다. 전반기를 마감하기 전에 입은 어깨 부상이다. 캐롤은 이미 마이너리그 시절이었던 2021년 스윙 도중 관절와순 파열로 한 차례 어깨 수술을 받은 경력을 갖고 있다. 캐롤은 어깨에 가해지는 부담을 덜기 위해 스윙 메커니즘을 조정한 바 있지만 다시 한번 어깨가 스윙 도중 말썽을 부렸다. 다행히 MRI 결과 구조적인 문제는 발견되지 않아 몇일 휴식 뒤 라인업에 복귀했지만 언제 터질지 모르는 불안요소임은 분명하다. 외야 송구 속도 또한 2022년 86.9마일에서 지난해 83.3마일로 줄어들었다는 점도 우려스럽다.

	경기	득점	안타	홈런	타점	도루	볼넷	타율	OPS	bWAR
2023	155	116	161	25	76	54	57	0.285	0.868	5.8
통산	187	129	188	29	90	56	65	0.281	0.862	6.6

KETEL MARTE

케텔 마르테

30세 | 2루수 | 우투양타 | 185cm 95kg | 도미니카

4

캐롤이 애리조나 타선의 신성이라면 마르테는 묵묵히 그의 뒤를 받쳐 제 몫을 다해낸 '언성 히어로(Unsung Hero)'다. 2할 후반대의 타율과 타석에서의 공격적인 성향에도 삼진을 잘 당하지 않는 능력을 갖춰 테이블 세터로 적격이다. 2019년을 기점으로 장타력 측면에서도 큰 발전을 이뤄내 한 시즌 32홈런을 때려냈는데, 타구를 띄우기 시작한 변화가 유효했다. 국내에는 저스틴 터너의 성공 사례로 유명한 플라이볼 혁명의 수혜자라고 할 수 있다. 2010년, 16살의 나이로 국제 아마추어 FA로 시애틀과 계약한 마르테는 2015년에 메이저리그에 데뷔해 후반기부터 메이저리그에서 뛸 수 있었다. 짧은 시간이었지만 인상적인 컨택 능력을 선보여 이듬해 2016년 대부분을 시애틀의 주전 유격수로 뛰며 경험을 쌓았다. 당시 마르테에게 밀려 출전 기회를 잃은 한 유틸리티 선수는 트레이드를 통해 다저스로 팀을 옮기는데, 그 선수가 바로 크리스 테일러다. 시즌이 끝난 뒤 마르테도 트레이드를 통해 애리조나로 이적했다. 헤이젠 단장이 새로 부임하고 처음으로 주도한 영입이었다. 마르테는 이적한 뒤 포지션을 2루로 옮겨 수비 부담을 덜고 타격에서도 성장세를 보였다. 2019년에는 중견수로도 전향해 다양한 포지션을 소화했다. 벌크업의 영향으로 수비 수치 자체는 좋지 못했다. 2022년 겨울, 애리조나와 5년 7,600만 달러의 저렴한 금액에 연장 계약을 맺었다. 2028년 1,300만 달러의 구단 옵션까지 실행된다면 35살의 나이로 FA 자격을 얻는다. 사실상 애리조나에서의 종신 계약이다. 마르테는 지난해 포스트시즌 내셔널리그 챔피언십시리즈 MVP를 차지하기도 했는데, 월드시리즈 2차전까지 이어진 마르테의 가을 야구 안타 행진은 무려 개인 통산 18경기에 달했다. 이는 데릭 지터와 매니 라미레즈, 행크 바우어의 17경기를 넘어서는 메이저리그 포스트시즌 연속 안타 신기록이다.

	경기	득점	안타	홈런	타점	도루	볼넷	타율	OPS	bWAR
2023	150	94	157	25	82	8	71	0.276	0.844	4.9
통산	968	508	990	107	420	54	342	0.279	0.798	24.4

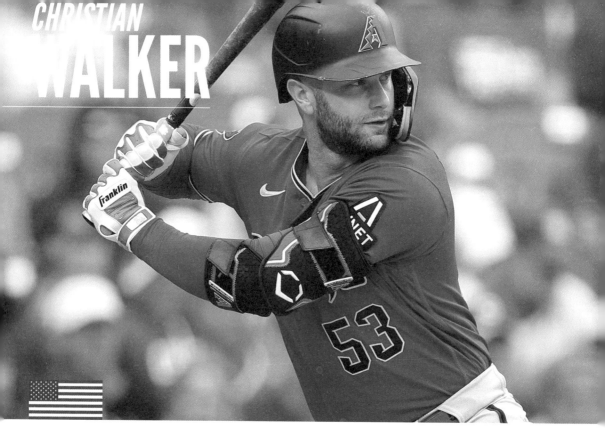

CHRISTIAN WALKER

크리스티안 워커

33세 | 1루수 | 우투우타 | 183cm 94kg | 미국

53

워커는 홈런이 부족한 애리조나 타선의 중심을 지키는 우타 거포다. 지난해까지 주로 좌타자와 스위치 히터로 구성된 타선에서 좌완 상대로 무서운 타격(13홈런 타율 0.255 OPS 0.922)를 선보이며 균형을 맞췄다. 지난해 첫 30홈런 100타점을 달성해 커리어 하이를 기록했다. 워커의 가치는 필드 위에서 더욱 빛난다. 2년 연속 내셔널리그 1루수 부문 골드글러브에 더해, 리그 구별 없이 포지션별 최고의 수비를 선보인 선수에게 주어지는 필딩 바이블 어워즈까지 독식했다. 과거 평균적인 수비 능력을 가진 1루수라고 평가받기도 했으니, 수비 능력 향상을 위해 워커가 그동안 얼마나 구슬땀을 흘렸을지 짐작해볼 수 있다. 2012년 신인 드래프트 4라운드에 지명돼 볼티모어에 입단한 워커는 2014년, 레그킥을 장착하고 타구에 힘을 싣는 능력을 보완해 장타력 향상을 이뤘냈다. 팀내 상위권 유망주로 발돋움한 워커는 곧바로 메이저리그에 데뷔했지만 당시 팀에는 확고한 1루수 크리스 데이비스가 있었기에 많은 기회를 얻지는 못했다. 2017년 개막을 앞두고 볼티모어와 애틀란타, 신시내티를 거쳐 애리조나에 입단했다. 한 달 사이 세 번이나 구단에게서 버림을 받은 워커는 절치부심해 트리플A를 폭격하고 다시 빅리그의 부름을 받았다. 골드슈미트가 트레이드를 통해 팀을 떠난 2019년부터 본격적으로 주전으로 기용됐다. 펜실베니아 출신인 워커는 고등학교 시절, 고교 전미 최고 유망주였던 브라이스 하퍼와의 홈런 더비에서 맞붙었다. 결과는 워커의 승리였다. 전세계 거포 유망주를 가리는 '파워 쇼케이스 월드 클래식'에 참가하기 위해 아버지와 1,600km가 넘는 거리를 여행한 결과였다. 헌신적인 아버지의 뒷바라지 아래 빅리거로 우뚝 선 워커는 지난해 내셔널리그 챔피언십시리즈에서 하퍼를 다시 만나 또 승리를 거뒀다. 필라델피아 팬으로 자라기도 한 그는 2017년에 세상을 떠난 아버지를 회상하며 "아버지가 하늘에서 자랑스러워하실 것"이라고 말했다.

	경기	득점	안타	홈런	타점	도루	볼넷	타율	OPS	bWAR
2023	157	86	150	33	103	11	62	0.258	0.830	3.8
통산	702	355	600	121	359	23	263	0.250	0.791	12.6

GABRIEL MORENO

가브리엘 모레노

24세 | 포수 | 우투우타 | 180cm 88kg | 베네수엘라

14

모레노는 2016년 국제 아마추어 FA로 토론토와 계약했다. 계약금은 2만 5,000달러에 불과할 정도로 큰 주목을 받진 못했지만, 프로 입단 후 빠르게 잠재력을 드러낸 흙 속의 진주였다. 뛰어난 어깨와 운동 능력을 인상깊게 본 토론토는 유격수로 입단한 모레노의 포지션을 포수로 바꿔 육성한다. 유망주 시절부터 컨택 능력 하나만큼은 토론토 팜에서도 최고였다. 훌륭한 배트 컨트롤 덕분에 공격적인 타석 어프로치에도 많은 삼진을 당하지 않는다. 체격이 커지면서 파워도 붙어, 미래에는 한 시즌 10개 이상의 홈런을 때려낼 수 있을 것이라는 평가를 받았다. 가치를 끌어올린 모레노는 2022년 메이저리그 포수 유망주 랭킹에서 애들리 러치맨에 이어 2위를 차지했다. 그해 6월 빅리그에 콜업됐으나 많은 기회를 받지 못했고, 오프시즌 트레이드를 통해 팀을 옮긴다. 모레노 영입은 헤이젠 단장의 또 다른 트레이드 수확이다. 외야 수비 강화와 좌타자 보강을 노렸던 토론토에 27

홈런을 때려낸 달튼 바쇼를 넘기고 루어데스 구리엘과 함께 모레노를 영입했다. 잰슨과 알레한드로 커크 등 젊은 포수를 많이 지닌 토론토는 모레노를 트레이드 카드로 선택했지만 팀에 남긴 두 선수가 각각 부상과 부진을 겪어 아쉬움을 삼켰다. 반면, 애리조나는 모레노를 풀타임 포수로 과감하게 기용해 성과를 봤다. 모레노는 도루 저지율 39%로 리그 1위를 달렸고, 팝타임도 1.9초로 메이저리그 최상위권이었다. 모레노는 수비로 각광받은 또 다른 신인 포수 패트릭 베일리와 베테랑 포수 J.T. 리얼무토를 제치고 생애 첫 골드글러브를 수상했다. 아직 포수로 많은 경기를 소화하지 않았지만, 경기 운영 능력에서 큰 발전을 이뤘냈다. 프레이밍 측면에서는 더욱 발전이 필요하지만 이 역시도 더 많은 경험이 쌓이면 나아질 것으로 보인다. 베네수엘라 출신인 모레노는 투수들과의 의사소통을 위해 영어 공부에도 열심이다. 모레노는 "투수들과의 관계와 유대감을 갖는 것이 얼마나 중요한 일인지 마음에 새기고 있다"고 말했다.

	경기	득점	안타	홈런	타점	도루	볼넷	타율	OPS	bWAR
2023	111	33	97	7	50	6	29	0.284	0.747	4.3
통산	136	43	119	8	57	6	33	0.290	0.745	5.0

ZAC
GALLEN

잭 갤런

2B세 | 선발투수 | 우투우타 | 188cm 85kg | 미국

23

갤런은 2016년 신인 드래프트 3라운드에 완성도 높은 대졸 투수를 선호하는 세인트루이스의 선택을 받았다. 당시에는 느린 구속 탓에 4선발, 5선발 정도로 예측됐다. 2017년 12월, 리빌딩을 선언한 마이애미의 강타자 마르셀 오수나 영입을 위해 1 대 4 트레이드로 팀을 옮겼다. 갤런과 함께 넘어간 유망주 중 하나는 2022년 사이영상을 수상한 샌디 알칸타라다. 2019년을 앞두고 근력 운동을 통해 구속을 92~94마일까지 끌어올렸다. 원래 좋았던 커맨드에 구속 향상으로 좋은 성적을 거뒀고 그해 6월, 파블로 로페즈의 부상으로 콜업돼 선발 기회를 받았다. 데뷔 첫 7경기에서 평균자책점 2.72로 호성적을 거둔 갤런은 또 한 번의 트레이드를 통해 애리조나 유니폼을 입었다. 2020년, FA로 영입한 범가너의 부진과 켈리의 부상 탓에 실질적인 에이스 역할을 맡았다. 2021년에는 피로골절과 햄스트링 부상으로 부침을 겪었으나 이듬해 44.1이닝 연속 무실점을 포함해 본격적으로 에이스로 거듭났다. 갤런의 구속은 평균 93.6마일로 빠르지 않지만 너클 커브와 체인지업, 커터 등 4가지 구종을 좌우 타자를 가리지 않고 섞어 던진다. 볼배합과 커맨드로 경쟁력을 갖춘 케이스다. 결정구인 너클 커브는 포심과 비슷한 궤적으로 날아가다 홈플레이트 근처에서 떨어져 헛스윙을 유도하는데, 평범한 패스트볼의 위력도 함께 배가할 수 있었다. 지난해 갤런의 포심 구종 가치는 27점으로 메이저리그 전체 2위였다. 1위와 3위는 최고 구속 100마일의 빠른 공을 던지는 게릿 콜(29점)과 루이스 카스티요(19점)였다. 몸을 가로지르는 투구폼 덕에 디셉션도 좋다는 평가다. 지난해 전반기 활약으로 사이영상 경쟁에 뛰어들었으나 후반기에는 부진해 블레이크 스넬, 로건 웹에 이어 투표 결과 3위에 그쳤다. 가을야구에서도 분투했다. 밀워키와 다저스를 맞아 1승씩 거두며 다음 시리즈 진출의 발판을 놨다. 비록 필라델피아를 상대로는 부진했으나 텍사스와의 월드시리즈에서는 반등해 자존심을 세웠다.

	경기	승	패	이닝	ERA	탈삼진	QS	피안타율	WHIP	bWAR
2023	34	17	9	210.0	3.47	220	20	0.238	1.12	4.3
통산	115	39	31	667.1	3.21	729	61	0.217	1.11	16.9

JORDAN
MONTGOMERY

조던 몽고메리

31세 | 선발투수 | 좌투좌타 | 198cm 103kg | 미국

52

준수한 제구와 커맨드를 통해 안정적인 경기 운영을 펼치는 좌완 선발투수. 지난해 평균 93.3마일의 투심 패스트볼을 바탕으로 체인지업, 커브, 포심, 커터를 섞어 던졌다. 2017년 양키스에서 데뷔하자마자 선발진에 안착해 9승 7패 155.1이닝 ERA 3.88로 기대 이상의 활약을 펼쳤다. 그러나 이듬해 토미 존 수술을 받아 2019년까지 제대로 공을 던지지 못했고, 2020년 단축 시즌에도 ERA 5.11로 부상 여파를 겪었다. 후유증을 털어낸 2021년, 부상 없이 로테이션을 소화했다(30경기 6승 7패 157.1이닝 ERA 3.83). 이후 외야수 해리슨 베이더의 반대급부로 세인트루이스 이적이 확정됐다. 이적 후 구위와 이닝 소화 능력이 개선돼 한 단계 진화한 그는 지난해 여름 선발 보강을 원한 텍사스로 또 한 차례 팀을 옮긴다. 그리고 텍사스의 가을야구 진출에 결정적인 역할을 했다. 사실상 후반기 에이스 역할을 했고, 그 활약은 포스트시즌에서도 이어졌다. PS 8경기(6선발) 3승 1패 37.2이닝 ERA 2.63을 기록, 텍사스 창단 첫 우승의 일등공신이 됐다. FA 시장 마지막까지 구단들의 부름을 받지 못한 몽고메리의 행선지는 애리조나였다. 시범경기 막판 로드리게스가 부상을 입는 바람에 선발진 공백이 생겼기 때문이었다. 개막을 코앞에 둔 시기까지 버텼지만 조건은 만족스럽지 못했다. 1년 2,500만 달러의 보장 계약에 베스팅 옵션을 붙였다. 올해 10경기 이상 선발로 나설 경우 내년 2,000만 달러의 선수 옵션이 생기고 18경기, 23경기에 등판할 때마다 250만 달러씩 추가된다. 만약 올해 23경기 이상 등판할 경우 계약 규모는 최대 2년 5,000만 달러가 되는 셈. 최대어로 꼽힌 벨린저, 스넬, 채프먼과 함께 재수를 택했다. 앞선 선수들의 에이전트는 모두 스캇 보라스다. 몽고메리가 외면을 받은 이유는 사실 단순했다. 커리어에 비해 큰 몸값을 요구했기 때문. 몽고메리 측이 원한 계약 기준선은 애런 놀라의 7년 1억 7,200만 달러였다. 애리조나 입장에서는 오랜 기다림 끝에 저렴한 금액으로 좋은 투수를 영입할 수 있었다.

	경기	승	패	이닝	ERA	탈삼진	QS	피안타율	WHIP	bWAR
2023	32	10	11	188.2	3.20	166	20	0.247	1.19	2.0
통산	141	38	34	755.0	3.68	705	56	0.244	1.21	12.6

MERRILL
KELLY

메릴 켈리

35세 | 선발투수 | 우투우타 | 188cm 91kg | 미국

29

메릴 켈리의 야구 인생은 결코 순탄하지 않았다. 켈리는 고교 졸업을 앞두고 2007년 볼티모어의 37라운드 지명을 거절하고 2년제 대학으로 향했다. 2009년에도 클리블랜드의 22라운드 지명에 그친 켈리는 또 다시 애리조나 주립대로 진학했고, 2010년 탬파베이의 8라운드 지명을 받아 3수 끝에 프로 생활을 시작했다. 빠르게 마이너리그 단계를 졸업했지만 빅리그 가능성은 보이지 않았다. 탬파베이에 유망주들이 많기도 했고, 빅리그에서 맡을 수 있는 보직도 명확하지 않았기 때문이었다. 느린 구속 탓에 스카우트들의 평가도 좋지 못했다. 결국 켈리는 2014년 이후 40인 로스터에서 제외됐고, 룰5 드래프트에서도 나머지 구단들의 외면을 받았다. 한국에 프로야구가 있다는 것도 몰랐던 26살 젊은 투수 켈리는 SK와 계약하며 커리어의 전환점을 맞는다. 그는 KBO리그에서 4년 동안 발전을 이뤄냈다. 첫해 평균 89마일에 불과했던 구속도 93마일까지 끌어올렸고, 보조 구

종에 불과했던 커브를 김원형 투수 코치와 연마했다. 켈리는 2015년과 2016년, 좋은 활약을 펼치고 미국으로 돌아가고 싶다는 뜻을 밝혔다. 마이너리그 계약도 괜찮다고 말한 그를 에이전트가 말렸다. 에이전트는 한국에 잔류할 경우 마이너리그보다 훨씬 더 많은 돈을 벌 수 있다는 점과 메이저리그 구단이 먼저 좋은 오퍼를 줄 때까지 기다리는 것이 더 좋다며 설득했다. 2년을 더 한국에서 뛴 그는 2019 시즌을 앞두고 애리조나와 보장계약 2년 550만 달러에 계약하며 금의환향했다. 켈리는 계속해서 투구 레퍼토리를 다양화했다. 2022년을 기점으로 주무기였던 체인지업의 위력을 더했고, 투심과 커터, 휘어지는 방향이 반대인 두 구종을 효율적으로 활용했다. 포심과 커브, 슬라이더까지 총 6개의 구종을 구사하는 투수가 됐다. 최근 각광받는 피치 디자인 이론을 적극적으로 받아들여 더 발전했다. 켈리는 가을야구에서도 시리즈가 기울 때마다 역투를 펼쳐 팀을 위기에서 구해냈다. 포스트시즌 성적이 4경기 24이닝 3승 1패 ERA 2.25로 매우 훌륭하다.

	경기	승	패	이닝	ERA	탈삼진	QS	피안타율	WHIP	bWAR
2023	30	12	8	177.2	3.29	187	18	0.222	1.19	3.8
통산	127	48	43	750.2	3.80	681	65	0.242	1.22	12.4

EDUARDO RODRIGUEZ

에두아르도 로드리게스
31세 | 선발투수 | 좌투좌타 | 188cm 104kg | 베네수엘라

2010년, 국제 아마추어 FA로 볼티모어와 계약한 로드리게스는 엄청난 기대를 받았다. 18세 때 93마일의 패스트볼을 기록했고, 투구 동작 개선으로 유망주 가치가 더 올랐다. 체인지업이 좋은 베네수엘라 좌완투수라는 점에서 요한 산타나를 연상케 한다는 평가를 받았다. 그러나 2014년, 불펜 보강을 원한 볼티모어는 보스턴의 앤드류 밀러를 영입하며 로드리게스를 내준다. 밀러가 잘한다고 해도 불펜투수 반 시즌 렌탈에 팀내 최상위권 유망주를 카드로 썼다는 비판이 뒤따랐다. 무릎 부상 등으로 부진을 겪은 로드리게스를 눈여겨본 보스턴의 선택은 적중했고, 이듬해 빅리그에 콜업했다. 2015년 데뷔 시즌부터 꾸준히 선발진에서 뛰다가 2019년 커리어 하이를 기록했다(34경기 203.1이닝 19승 6패 ERA 3.81). 그는 평균 92.2마일의 싱커성 패스트볼과 함께 85.9마일의 체인지업을 주무기로 쓴다. 데뷔 초반에는 슬라이더를 많이 활용했으나 2017년부터는

커터를 더 활용하며 땅볼을 유도했다. 종종 수비가 도와주지 못할 경우 와르르 무너지는 모습을 보였다는 건 흠이다. 2020년은 코로나19와 심장 문제로 시즌을 포기했다. 2021년 복귀하여 한 시즌을 치르고 시장에 나가 디트로이트와 5년 7,700만 달러 계약을 맺었다. 결과적으로 영입은 실패였다. 첫해부터 개인적인 문제로 잠적하여 한 달 넘게 구단과 연락이 되지 않았고, 다저스로의 트레이드 거부권을 행사해 팀의 계획에 차질을 줬다. 물론 거부권이 있는 선수의 의사를 묻지 않고 트레이드를 진행한 것은 구단의 잘못이다. 그는 잔여 3년 4,900만 달러 계약 뒤 1년 추가 계약을 붙여주면 트레이드 거부권을 풀겠다고 했지만 받아들여지지 않았고, 디트로이트에 남아 시즌을 마친 뒤 옵트아웃을 실행해 시장에 나왔다. 가을야구를 거치며 선발 보강 필요성을 절실히 느낀 애리조나는 로드리게스와 FA로 계약했다. 그는 우완 일색인 선발진에 밸런스를 더해줄 것이다. 2020년 범가너 이후 첫 대형 투수 영입이다.

	경기	승	패	이닝	ERA	탈삼진	QS	피안타율	WHIP	bWAR
2023	26	13	9	152.2	3.30	143	14	0.227	1.15	3.5
통산	202	82	53	1100.1	4.03	1107	89	0.248	1.29	17.9

BRANDON
PFAADT

브랜든 팟

25세 | 선발투수 | 우투우타 | 193cm 99kg | 미국

32

팟은 2020년 신인 드래프트 5라운드에 애리조나에 지명됐다. 드래프트 직전의 호투로 간신히 애리조나의 선택을 받았다. 2020년에는 팬데믹 여파로 40라운드였던 드래프트의 규모가 5라운드로 대폭 축소됐기에, 팟이 입단할 수 있었던 것은 꽤나 운이 따른 결과였다. 입단 후 특출한 성적으로 빠르게 더블A에 입성했다. 2022년에는 더욱 공격적으로 승부에 임했는데, 167이닝을 던지는 동안 무려 218개의 삼진을 잡아내 '올해의 AZ 마이너리그 투수'로 선정됐다. 팟은 2022년 마이너리그 전체에서 가장 많은 이닝과 탈삼진을 기록한 투수였다. 팟은 평균 93.7마일의 패스트볼을 던지는데, 싱커성 움직임을 보인다. 좌우 움직임이 좋은 슬라이더는 헛스윙을 유도할 수 있는 구종이며, 체인지업도 원하는 곳에 떨어뜨릴 수 있는 무기다. 커브는 주로 카운트를 잡기 위해 사용하는데, 네 가지 구종 모두 잘 제구할 수 있다. 패스트볼과 변화구를 던질 때의 릴리스 포인트가 같

고, 스트라이크존 앞까지 비슷한 궤적을 그린다는 것도 많은 삼진을 잡을 수 있었던 이유다. 팟은 지난해 5월 방출된 범가너와 부상으로 이탈한 잭 데이비스의 빈자리를 메우기 위해 콜업됐다. 그러나 첫 경기부터 피홈런 4개를 포함해 4.2이닝 7실점으로 무너진 팟은 장타를 내주지 않기 위해 도망가는 피칭을 보이기 시작했다. 불리한 볼카운트에서 던진 몰린 공은 연신 담장을 넘어갔다. 두 차례나 마이너리그로 강등되는 아픔을 겪었다. 어느 날 마이너리그에서 조정 과정을 갖던 팟에게 스트롬 투수 코치가 전화를 걸었다. 투구판을 1루 쪽으로 밟아보라는 조언이었다. 1루 쪽 투구판을 밟고 던지면 우타자 몸쪽 승부가 좀 더 수월해지고 몰린 공도 줄어들 것이라는 스트롬 코치의 판단은 도움이 됐다. 전반기에 6경기 9.82의 평균 자책점을 남긴 팟은 후반기 13경기에서 4.22로 나아지는 모습을 보였고, 볼넷 삼진 비율도 크게 개선됐다. 가을야구에서도 22이닝 26탈삼진 ERA 3.27를 기록하며 차세대 에이스의 향기를 풍겼다.

	경기	승	패	이닝	ERA	탈삼진	QS	피안타율	WHIP	bWAR
2023	19	3	9	96.0	5.72	94	3	0.282	1.41	-0.4
통산	19	3	9	96.0	5.72	94	3	0.282	1.41	-0.4

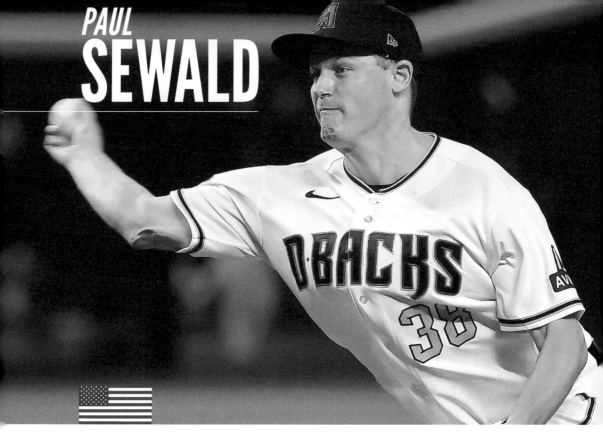

PAUL
SEWALD

폴 시월드

34세 | 마무리투수 | 우투우타 | 190cm 99kg | 미국

38

시월드는 2012년 신인 드래프트에서 뉴욕 메츠의 10라운드 지명을 받았다. 2008년 고교 시절과 2011년 대학 3학년, 두 차례나 미지명의 아픔을 겪었다. 4학년 때 간신히 지명을 받았지만 계약금은 고작 1,000달러였다. 10라운드 지명은 드래프트 슬롯 머니를 절약하기 위한 메츠의 전략적 선택이었다. 계약 후 불펜투수로 변신한 시월드는 나이가 다소 많아 좋은 성적을 거두더라도 크게 주목을 받지 못했다. 2017년 메이저리그에 데뷔한 뒤 주로 패전처리로 기용됐다. 시월드는 2020 시즌이 끝날 무렵, 메츠에서 방출 통보를 받고 팀을 떠났다. 이듬해 시애틀과 계약한 뒤부터 시월드의 야구 인생이 바뀌기 시작했다. 패스트볼 던지는 위치를 바꾸고 슬라이더의 궤적을 가다듬어, 신 구종 스위퍼를 장착했다. 2년 동안 필승조로 뛰며 마무리 투수 자리까지 꿰찼다. 시월드는 평균 92.2마일의 패스트볼과 83.8마일의 스위퍼를 던지는 투피치 투수다. 낮은 팔 각도에서 나오는 릴리즈 포인트 때문에 타자들은 궤적이나 타이밍을 맞추는 데에 어려움을 겪는다. 패턴이 단조로운 편이기에 피홈런이 많은 것은 단점이다. 좌타자 상대 확실한 무기가 없어 승부에 어려움을 겪기도 한다. 시월드는 지난 여름 시애틀을 떠나 애리조나로 이적했다. 치열한 와일드카드 경쟁을 펼치는 와중, 마무리 투수를 트레이드로 넘겼다는 점에 시애틀 선수단은 동요했다. 반면, 애리조나는 마무리가 생긴 뒤부터 뒷심을 발휘할 수 있었다. 애리조나는 가을야구에 진출했고, 시애틀은 그렇지 못했다. 전력을 떠나 프런트의 메시지가 달랐기 때문이었다. 포스트시즌에서도 애리조나는 영입 효과를 톡톡히 봤다. 챔피언십시리즈까지 8이닝 무실점 6세이브 11탈삼진으로 맹활약했다. 그러나 월드시리즈에서는 힘이 미치지 못했다. 1차전, 5 대 3으로 앞선 9회말 시거에게 동점 투런포를 허용했다. 22년 전 월드시리즈에서의 김병현이 떠오르는 순간이었다. 올해도 애리조나의 마무리 투수로 시즌을 시작하는 그는 시즌 끝나고 FA를 앞두고 있다.

	경기	승	패	세이브	이닝	ERA	탈삼진	피안타율	WHIP	bWAR
2023	65	3	2	34	60.2	3.12	80	0.208	1.15	1.2
통산	317	19	23	68	336.2	4.06	407	0.216	1.15	3.2

작 피더슨

32세 | 지명타자 | 좌투좌타 | 185cm 99kg | 미국

애리조나는 장타력 보강을 위해 피더슨과 1년 1,250만 달러에 단기 계약을 체결했다. 지난해 샌프란시스코의 퀄리파잉 오퍼를 받아들여 FA 재수를 선택했으나 부상에 시달리며 부진했다. 게다가 시즌 막판 팀이 연패에 빠졌을 때 클럽하우스에서 카드놀이를 즐겼다는 폭로가 나와 여론은 험악해졌다. 체중 관리에도 실패해 시장에서 인기를 끌지 못할 것이라고 예상됐으나 기대 이상의 금액을 받았다. 애리조나는 J.D. 마르티네스와 같은 빅네임 지명타자 후보와 연결되기도 했지만, 지갑 사정이 여의치 않아 피더슨과 계약했다. 피더슨은 올해 주로 지명타자로 나서 랜달 그리칙 등의 우타자들과 플래툰을 이룰 전망이다. 여전히 우투수 상대로는 경쟁력을 갖추고 있다. 지난해 부진에도 불구, 타구 지표는 훌륭해 반등 가능성을 점칠 수 있다. 지난해 피더슨의 평균 타구속도는 92.1마일로 메이저리그 상위 9%를 기록했고, 95마일 이상 강한 타구 비율도 52.2%로 상위 4%에 올랐다.

에우헤니오 수아레스

31세 | 외야수 | 우투우타 | 188cm 97kg | 도미니카

월드시리즈 준우승으로 시즌을 마감한 애리조나는 우타자 보강을 위해 지난해 11월 말, 시애틀과의 2 대 1 트레이드로 수아레스를 영입했다. 헤이젠 단장은 수아레스가 주전 3루수로 팀에 파워와 수비력, 안정감을 더해줄 것이라고 밝혔다. 애리조나는 지난해 롱고리아와 리베라 등이 3루를 지켰으나 만족스러운 성적을 남기진 못했다. 롱고리아는 FA 이적으로 팀을 떠났고, 올 시즌부터는 수아레스가 3루를 맡는다. 그는 2014년 디트로이트에서 데뷔한 이래로 장타력 향상을 이뤄내면서 거포 3루수로서 이름을 날렸다. 최근 9시즌 연속 두 자릿수 홈런을 기록했고, 신시내티 시절 2019년에는 49홈런으로 내셔널리그 3루수 홈런 기록을 갈아치웠다. 삼진이 많고 타율이 낮아 전체적인 생산성은 홈런수에 비해 떨어지는 편이지만, 올 시즌 1,100만 달러의 연봉은 팀에 있어 크게 부담되는 금액은 아니다. 올해 무난한 성적만 기록한다면 내년 1,500만 달러의 구단 옵션도 무리 없이 실행될 것으로 보인다.

피더슨	경기	득점	안타	홈런	타점	도루	볼넷	타율	OPS	bWAR
2023	121	59	84	15	51	0	57	0.235	0.764	0.6
통산	1140	516	786	186	485	22	442	0.237	0.800	12.1

수아레스	경기	득점	안타	홈런	타점	도루	볼넷	타율	OPS	bWAR
2023	162	68	139	22	96	2	70	0.232	0.714	2.3
통산	1313	650	1154	246	730	30	537	0.248	0.788	20.5

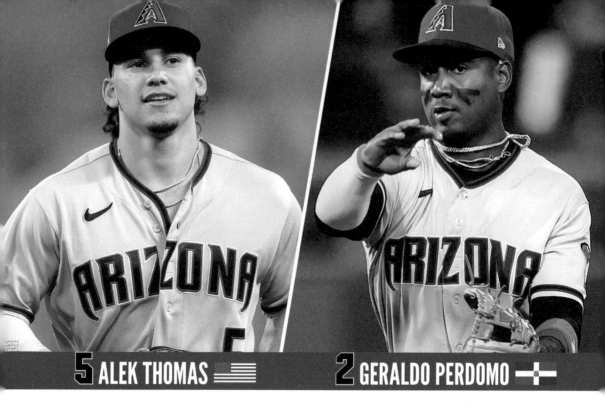

알렉 토마스

24세 | 외야수 | 좌투좌타 | 180cm 79kg | 미국

토마스는 올 시즌 주전 중견수로 나설 것으로 보인다. 배럴 타구를 만들 수 있는 능력을 가졌으며 홈런도 10~15개가량 기록할 수 있는 선수라는 평가를 받았다. 공격적인 어프로치 탓에 볼넷이 적고, 타석에서의 움직임이 많아 마이너리그에서의 성공이 빅리그에서 이어지지 않을 수도 있다는 우려도 있었다. 기술이 부족해 도루가 적을 것이라는 시각도 맞아떨어졌다. 그러나 넓은 수비 범위와 타구 판단능력은 증명했다. 지난해 내셔널리그 중견수 부문 골드글러브 후보에 이름을 올렸으나 수상에는 실패했다. 데뷔 후 두 시즌 동안 잠재력을 드러내지 못한 것은 사실이나, 작년 시즌 도중 트리플A에서 타격 어프로치를 개선하고 돌아와 나아지는 모습을 보였다. 포스트시즌에서 4홈런을 때려내는 등 활약을 펼쳤지만 월드시리즈 5차전 9회 0 대 1 상황에서 나온 실책이 아쉬웠다. 평범한 중견수 앞 안타를 흘리며 주자 두 명에게 득점을 내줬다. 이후 시미언의 투런이 터지면서 우승의 꿈이 사라졌다.

헤랄도 페르도모

24세 | 유격수 | 우투양타 | 188cm 92kg | 도미니카

페르도모는 지난해 절반의 성공을 거뒀다. 전반기까지 타율 0.271을 기록하며 커리어 첫 올스타전에 선발됐고 주전 유격수로 확고한 입지를 다졌지만, 후반기 추락으로 전반기의 성적이 플루크였다는 시선을 받았다. 작년 그는 기존의 타격 자세에서 레그킥 동작을 빼고 토탭으로 타석에 임했다. 유망주 시절부터 약한 타구를 주로 생산해 장타 포텐셜이 낮았던 그로서는 컨택에 집중한 선택이었다. 선구안이 좋은 선수였기에 볼넷은 더욱 늘어났고, 간결한 준비 동작 덕에 변화구 대처도 좋아져 헛스윙 비율이 크게 줄어들었다. 그러나 타구의 질이 떨어져도 너무 떨어졌다. 페르도모의 평균 타구속도는 85.7마일. 메이저리그 하위 3%에 불과했다. 95마일 이상 강한 타구 비율도 19.5%(하위 1%)였다. 페르도모에게는 남은 시간이 그리 많지 않다. 특급 유격수 유망주 조던 롤러가 지난해 메이저리그를 밟았기 때문이다. 타선 업그레이드를 꾀한다면 가장 먼저 고려될 수 있는 카드가 바로 유격수 교체다.

토마스	경기	득점	안타	홈런	타점	도루	볼넷	타율	OPS	bWAR
2023	125	51	86	9	39	9	19	0.230	0.647	1.1
통산	238	96	174	17	78	13	41	0.230	0.633	2.4

페르도모	경기	득점	안타	홈런	타점	도루	볼넷	타율	OPS	bWAR
2023	144	71	100	6	47	16	64	0.246	0.712	2.3
통산	303	134	192	11	88	25	120	0.221	0.634	3.3

16 TUCKER BARNHART 🇺🇸

62 BLAZE ALEXANDER 🇺🇸

터커 반하트

33세 | 포수 | 우투좌타 | 180cm 87kg | 미국

반하트는 마이너리그 계약으로 애리조나와 사인했다. 지난해 에레라, 켈리, 자발라 등 여러 선수들이 백업 포수 기회를 받았지만 기대 이하였다. 반하트의 장점은 수비 능력이다. 메이저리그에서 10시즌을 뛰면서 풍부한 경험을 쌓았다. 골드글러브도 두 차례 수상했다. 2017년에는 44%의 도루 저지율과 함께 32명의 주자를 잡아냈는데, 이는 내셔널리그 1위 기록이었다. 2020시즌에도 골드글러브를 수상한 반하트는 2022 시즌을 앞두고 차기 안방마님 로버트 스티븐슨에 밀려 디트로이트로 팀을 옮긴다. 연봉 750만 달러를 덜어내기 위한 선택이기도 했다. 디트로이트는 그의 존재가 젊은 투수들의 성장에 도움이 되길 바랐지만, 끔찍한 타격 성적을 남기고 FA로 팀을 떠났다. 여전히 높은 수비 능력을 신뢰한 컵스가 2년 650만 달러에 손을 내밀었지만 한 시즌도 되지 않아 방출을 결정했다. 그에게는 연이은 실패였지만, 애리조나로서는 최저 연봉으로 탄탄한 백업 포수를 확보할 수 있게 됐다.

블레이즈 알렉산더

25세 | 2루수·유격수 | 우투우타 | 180cm 72kg | 미국

시범경기 활약으로 로스터 마지막 한 자리를 꿰찬 내야 유틸리티 선수. 러벨로 감독은 스프링 트레이닝을 앞두고 베테랑부터 신인까지 선수단 개별 면담을 통해 캠프에서 어떤 점을 보여주길 바라는지 설명하는 시간을 마련했다. 러벨로는 알렉산더에게 다양한 포지션 소화 능력과 타석에서의 인내심, 홈런을 노리기보다는 중장거리 타자로서의 모습을 보여달라고 말했다. 알렉산더는 감독이 내준 과제 대부분을 훌륭히 소화하며 메이저리그의 부름을 받을 자격이 있다는 것을 스스로 증명했다. 2루수와 3루수, 유격수까지 소화 가능한 그의 역할은 모든 포지션에서의 백업 내야수다. 헤이젠 단장은 백업 내야수 자리를 결정하는 데에 있어서 공격보다 수비가 더 중요한 요인이라고 밝힌 바 있다. 주로 3루를 맡은 리베라와의 경쟁에서 이겨낸 원인도 다재다능함과 수비에서의 안정감이다. 알렉산더는 지난해까지의 활약으로 MLB 파이프라인의 유망주 평가에서도 팀내 20위까지 순위를 끌어올렸다.

반하트	경기	득점	안타	홈런	타점	도루	볼넷	타율	OPS	bWAR
2023	43	6	22	1	9	1	12	0.202	0.541	-0.6
통산	881	241	645	53	286	7	283	0.243	0.674	6.5

알렉산더	경기	득점	안타	홈런	타점	도루	볼넷	타율	OPS	bWAR
2023	79	49	78	10	58	2	42	0.290	0.873	-
통산	79	49	78	10	58	2	42	0.290	0.873	-

*블레이즈 알렉산더 : 마이너리그 기록

6 JACE PETERSON

15 RANDAL GRICHUK

제이스 피터슨

34세 | 2루수·3루수 | 우투좌타 | 183cm 97kg | 미국

피터슨은 포수를 제외하고 모든 포지션에서 출전해본 경험을 갖고 있다. 최근에는 주로 2루와 3루를 소화했지만 코너 외야수로도 제법 많은 경기를 나서 유틸리티 플레이어로서의 활용도가 높은 선수다. 학창시절 야구와 농구, 미식축구까지 세 종목을 섭렵한 그는 뛰어난 운동 능력을 갖춰 2011년 신인 드래프트에서 샌디에이고의 1라운드 보상픽 지명을 받았다. 기대치에 비해서 성적은 좋지 못했다. 2014년 데뷔했으나 이듬해 저스틴 업튼 트레이드에 포함돼 애틀랜타로 옮겼다. 두 시즌 동안 제법 많은 기회를 받았지만 평균 이하의 타격 성적으로 설 자리를 잃고 방출된 뒤에는 양키스, 볼티모어, 밀워키 등을 거쳐 저니맨으로 전락했다. 2023년 FA 자격을 얻고 오클랜드와 2년 950만 달러 계약을 맺었으나 반 시즌 만에 트레이드를 통해 팀을 옮겼다. 대가는 마이너리그 투수 하나였다. 200만 달러의 연봉 보조까지 받은 애리조나는 300만 달러의 저렴한 금액에 유틸리티 백업을 쓸 수 있게 됐다.

랜달 그리칙

32세 | 외야수 | 우투우타 | 188cm 97kg | 미국

1년 200만 달러에 계약을 맺고 애리조나에 합류했다. 저렴한 금액에 외야 뎁스를 채우고, 우타자를 보강한 움직임이다. 그리칙은 한때 30개의 홈런을 넘길 정도로 장타력을 갖췄으나, 커리어 내내 낮은 출루율을 기록했다. 통산 볼넷 비율이 5.5%인데, 이는 리그 평균(8.6%)보다 처지는 수치다. 과거에는 중견수로 괜찮은 수비력을 보였으나 최근 2년 수비 지표가 크게 떨어져 주로 코너 외야수로 나서고 있다. 지난해 여름까지 콜로라도에서 좋은 성적(8홈런 27타점 타율 0.308)을 거둬 트레이드 데드라인을 앞두고 1루수 크론과 함께 가을야구를 노린 에인절스로 팀을 옮겼다. 그러나 이적 후 성적은 처참했다. 에인절스는 포스트시즌 가능성이 희미해진 8월 말, 영입 한 달 만에 그리칙 외 여러 선수들을 웨이버 명단에 올려 연봉 절감에 나섰다. 다른 선수들은 클레임을 통해 팀을 떠났지만 그는 원하는 팀이 없어 결국 에인절스에서 시즌을 마감했다. 벼랑 끝 커리어의 반등이 필요한 시점이다.

피터슨	경기	득점	안타	홈런	타점	도루	볼넷	타율	OPS	bWAR
2023	133	35	79	6	37	15	47	0.211	0.611	-0.3
통산	873	274	545	42	244	77	307	0.228	0.656	3.5

그리칙	경기	득점	안타	홈런	타점	도루	볼넷	타율	OPS	bWAR
2023	118	65	116	16	44	2	29	0.267	0.779	1.2
통산	1141	536	990	191	556	27	236	0.249	0.761	12.3

19 RYNE NELSON

37 KEVIN GINKEL

라인 넬슨

26세 | 선발투수 | 우투우타 | 190cm 83kg | 미국

넬슨은 5선발 경쟁에서 가장 앞서 있는 자원이다. 넬슨과 비슷한 위치에 있는 또 다른 유망주 투수 토미 헨리와의 경쟁에서 앞섰다. 넬슨은 2019년 신인 드래프트 2라운드 전체 56번으로 애리조나에 지명됐다. 많은 회전수를 보이는 패스트볼은 선발로도 평균 94.4마일을 기록한다. 불펜으로 나오면 최고 100마일까지 기대할 수 있어 만약 선발로의 연착륙이 어려움을 겪는다면 보직 변경도 고려해 볼 만하다. 커브와 슬라이더, 체인지업을 던지는데 빼어난 수준은 아니다. 2021년 투구폼을 간결하고 체계적으로 만들면서 컨트롤도 성장했다. 넬슨은 2022년 확장 로스터에 메이저리그를 밟아 3경기 18.1이닝 동안 1.47의 평균자책점을 기록했다. 이를 바탕으로 이듬해 5선발에 낙점됐으나 활약은 이어지지 못했다. 다양한 구종을 던질 수 있는 능력은 있지만 이를 조합하는 능력이 떨어졌다. 2019년 전까지는 투타를 모두 병행했던 만큼, 투수로서의 경험이 쌓이면 운영 능력이 더 나아질 여지는 있다.

케빈 긴켈

30세 | 불펜투수 | 우투좌타 | 193cm 106kg | 미국

긴켈은 지난해 포스트시즌 철벽 불펜으로 깊은 인상을 남겼다. 시월드가 월드시리즈에서 무너진 것과 달리, 긴켈은 11.2이닝 무실점 15탈삼진을 기록하며 자신의 첫 가을야구를 성공적으로 마쳤다. 그는 평균 95.7마일의 패스트볼과 86.7마일의 슬라이더를 던진다. 스위퍼처럼 횡으로 휘는 구종이 아닌 종으로 떨어지는 슬라이더다. 높은 패스트볼로 카운트를 잡고 떨어지는 슬라이더로 삼진을 잡아내는 것이 투구 패턴이다. 긴켈의 슬라이더는 38.5인치의 낙차를 보인다. 193cm의 큰 키는 슬라이더의 낙폭을 더 극적으로 만든다. 익스텐션이 긴 동작도 패스트볼과 슬라이더를 구분하기 어렵게 만든다. 슬라이더 피안타율은 0.162에 불과했고, 헛스윙률도 40%를 넘는 위력적인 결정구였다. 스프링 캠프를 앞두고 팔꿈치 염증으로 인한 통증을 호소했으나, 몸 상태에 큰 문제는 없는 것으로 보인다. 긴켈은 올 시즌 후 FA 자격을 얻는 시월드를 대신해 차기 마무리 후보로도 꼽히고 있다.

넬슨	경기	승	패	이닝	ERA	탈삼진	QS	피안타율	WHIP	bWAR
2023	29	8	8	144	5.31	96	7	0.284	1.42	0.0
통산	32	9	9	162.1	4.88	112	9	0.271	1.36	0.7

긴켈	경기	승	패	홀드	이닝	ERA	탈삼진	피안타율	WHIP	bWAR
2023	60	9	1	8	65.1	2.48	70	0.181	0.98	1.2
통산	166	13	5	27	163.1	3.58	177	0.223	1.25	1.1

50 MIGUEL CASTRO

27 ANDREW SAALFRANK

미겔 카스트로

29세 | 불펜투수 | 우투우타 | 201cm 91kg | 도미니카

카스트로는 사이드암으로 평균 96.8마일에 달하는 빠른 투심을 던지는 불펜투수다. 지난 시즌을 앞두고 애리조나와 1+1년 계약을 맺었다. 지난해 60경기 이상 출전 조항을 달성해 1년 500만 달러의 옵션이 실행됐다. 2015년, 토론토에서 데뷔한 뒤 콜로라도, 볼티모어, 메츠, 양키스 등을 전전한 그는 폭발적인 구위 때문에 여러 구단의 관심을 받았으나 부상과 제구 불안(통산 9이닝당 볼넷 4.6개)으로 믿고 기용하기에는 어려운 투수였다. 그러나 큰 키와 긴 팔에서 나오는 폭발적인 투심, 반대 방향으로 휘는 슬라이더로 많은 땅볼과 삼진을 잡아낸다. 카스트로는 지난해에도 셰이핀, 맥거프 등과 함께 집단 마무리로 시즌을 시작했으나 누구 하나 안심할 수 없는 모습을 보여 시즌 중반 시월드 영입의 필요성을 느끼게 했다. 5월까지는 2점대 평균자책점으로 활약했지만 여름부터 크게 부진했다. 9월 이후로는 12경기에 나와 11이닝 무실점 16 탈삼진을 잡아 치열한 순위 싸움에 보탬이 됐다.

앤드류 살프랭크

26세 | 불펜투수 | 좌투좌타 | 190cm 92kg | 미국

살프랭크는 좌완이 부족한 애리조나 불펜진에서 큰 역할을 해줘야 할 선수다. 그는 2019년 신인 드래프트에서 애리조나의 6라운드 지명을 받았다. 2020년에는 팬데믹으로, 2021년에는 토미 존 수술로 마이너리그에서 한 경기도 출전하지 못했다. 2022년부터 마이너리그 두 시즌 연속으로 높은 탈삼진율을 보였다. 지난해 그가 뛰었던 트리플A 팀의 홈구장이 극심한 타자 구장이라는 것을 생각해봤을 때, 9월 확장 로스터 때 빅리그의 부름을 받는 것은 어찌 보면 당연했다. 살프랭크는 또 다른 좌완 불펜 카일 넬슨의 부진과 조 맨티플라이가 부상을 입어 콜업과 동시에 좌완 1옵션으로 쓰였다. 살프랭크는 평균 92.4마일의 투심으로는 땅볼을, 83.8마일의 커브로는 헛스윙을 유도한다. 빅리그에서는 아직 탈삼진을 많이 잡지 못했지만 좌타자 상대 피안타율 0.077, 피OPS 0.220으로 역할을 다했다. 포스트시즌에서도 위기 상황에 올라와 신인임에도 흔들리지 않는 모습을 보였다.

카스트로	경기	승	패	홀드	이닝	ERA	탈삼진	피안타율	WHIP	bWAR
2023	75	6	6	13	64.2	4.31	60	0.213	1.18	0.4
통산	408	22	28	59	447.0	4.15	402	0.231	1.37	3.3

살프랭크	경기	승	패	홀드	이닝	ERA	탈삼진	피안타율	WHIP	bWAR
2023	10	0	0	3	10.1	0.00	6	0.189	1.06	0.5
통산	10	0	0	3	10.1	0.00	6	0.189	1.06	0.5

30 SCOTT MCGOUGH

81 RYAN THOMPSON

스캇 맥거프

34세 | 불펜투수 | 우투우타 | 180cm 86kg | 미국

맥거프는 2022년, 애리조나와 2년 계약을 맺었다. 평균 93.5마일의 패스트볼과 함께 스플리터, 슬라이더를 던지는 불펜투수다. 2011년 신인 드래프트에서 LA 다저스의 5라운드 지명을 받아 프로에 데뷔한 그는 핸리 라미레즈 트레이드 때 마이애미로 이적한다. 당시 맥거프와 함께 넘어간 선수는 지난해 월드시리즈에서 맞붙은 텍사스의 네이션 이볼디다. 2015년 빅리그에 데뷔했지만 6경기 6.2이닝 평균자책점 9.45를 기록한 뒤 마이너리그로 강등됐다. 2019 시즌을 앞두고 참가한 멕시코 윈터리그에서 스카우트의 눈에 띄어 야쿠르트 스왈로즈에 입단했다. 첫 두 시즌은 중간계투로 뛰다가 2021시즌부터 마무리로 두 시즌 연속 30세이브를 넘어섰다. 지난 시즌 초반에도 마무리 상황에 종종 등판했으나 블론 세이브로 신뢰를 잃었다. 김하성의 빅리그 첫 끝내기 홈런 상대 투수가 바로 맥거프다. 몰리는 공이 많아 장타나 홈런을 내주는 경기가 많았다. 올해는 추격조에서부터 시즌을 시작한다.

라이언 톰슨

32세 | 불펜투수 | 우투우타 | 196cm 95kg | 미국

톰슨은 지난해 애리조나 월드시리즈 진출의 숨은 공신 중 하나다. 포스트시즌 9경기 11.2이닝 평균자책점 2.31로 선발과 필승조 사이 연결고리 역할을 훌륭히 해냈다. 원래 오버핸드 투수였던 톰슨은 고등학교 2학년 시절 투구 폼을 바꾸기로 결정했다. 애리조나의 팬이었던 그는 김병현의 폼을 따라했던 기억을 떠올렸고, 곧 시골 고교의 에이스가 됐다. 이후 대학에 진학했고 2014년 신인 드래프트 23라운드로 휴스턴에 지명됐다. 불펜투수로서의 가능성을 본 선택이었다. 한 차례 토미 존 수술과 룰5 드래프트로 팀을 옮긴 끝에 탬파베이 소속으로 2020년에 데뷔를 이뤄냈다. 두 시즌 동안 추격조로 뛴 톰슨은 지난해 6점대의 부진을 겪고 방출 통보를 받았다. 8월, 애리조나와 마이너리그 계약을 체결한 톰슨은 콜업 이후 0점대 평균자책점으로 큰 힘이 됐다. 톰슨은 김병현처럼 폭발적인 구위를 자랑하지는 않지만 평균 90.4마일 투심과 78.2마일 슬라이더를 통해 많은 땅볼을 유도하는 유형이다.

맥거프	경기	승	패	홀드	이닝	ERA	탈삼진	피안타율	WHIP	bWAR
2023	63	2	7	14	70.1	4.73	86	0.226	1.28	0.1
통산	69	2	7	14	77.0	5.14	90	0.242	1.38	-0.2

톰슨	경기	승	패	홀드	이닝	ERA	탈삼진	피안타율	WHIP	bWAR
2023	31	1	2	8	30.2	3.82	21	0.185	0.91	0.7
통산	139	8	9	33	133.2	3.57	120	0.226	1.12	0.7

35 JOE MANTIPLY

12 LOURDES GURRIEL JR.

조 맨티플리

33세 | 불펜투수 | 좌투우타 | 193cm 99kg | 미국

맨티플리는 2022년 좌완 필승조로 평균자책점 2.85를 기록하는 등 커리어 최고의 활약을 펼쳤다. 전반기까지 2.21의 평균자책점으로 생애 첫 올스타에도 선정되는 영광을 안았다. 60이닝을 던지는 동안 볼넷은 6개에 불과했다. 평균 90마일을 간신히 넘기는 느린 구속으로도 좌타자 상대 커브, 우타자 상대 체인지업을 통해 효율적인 피칭을 선보였다. 독특한 투구폼 때문에 상대 타자들은 타이밍 포착에 어려움을 겪었다. 작년에는 개막을 앞두고 어깨가 말썽을 부렸다. 왼쪽 어깨 염증으로 4월 중순에서야 시즌을 시작했고, 불과 3주 뒤에는 햄스트링 부상으로 부상자 명단에 올랐다. 돌아와서도 부진으로 두 차례나 마이너리그로 보내졌다. 가을야구 로스터에 포함되었지만, 위기 상황 좌타자 승부에서 러벨로 감독의 선택은 그가 아닌 신인 살프랭크였다. 다가오는 시즌 관건은 역시 건강이다. 맨티플리가 예전의 모습을 되찾을 수 있다면 좌완 불펜이 부족한 애리조나에 큰 힘이 될 것이다.

루어데스 구리엘 주니어

30세 | 외야수 | 우투우타 | 193cm 97kg | 쿠바

쿠바 야구 명문가 구리엘 집안 삼형제의 막내로 태어났다. 둘째 형 율리에스키 구리엘은 2008 올림픽 결승전 병살타로 국내 팬들에게도 잘 알려져 있다. 2016년 2월에 율리에스키와 함께 쿠바를 탈출해 메이저리그 진출을 선언했고, 토론토와 7년 2,200만 달러 계약을 맺었다. 2018년, 계약 2년 만에 빠르게 데뷔한 구리엘은 곧바로 주축 타자가 됐다. 2019 시즌에 마이너리그에 다녀오면서 포지션을 2루수에서 좌익수로 옮겼다. 외야 송구 능력이 좋아 2년 연속(2020, 2021) 좌익수 부문 골드글러브 후보에 이름을 올리기도 했다. 꾸준히 2할 후반대의 타율과 풀시즌 기준 20개 안팎의 홈런을 때려냈다. 공격적인 어프로치 탓에 볼넷이 적어 출루율은 낮은 편이며 시즌 중 기복이 심한 편이다. 애리조나로 이적한 2023 시즌에는 수비 범위도 크게 늘었고 커리어 첫 올스타에도 선정됐다. FA 자격을 얻고 시장에 나간 지 얼마 되지 않아 3년 4,200만 달러에 재계약을 맺었다.

맨티플리	경기	승	패	홀드	이닝	ERA	탈삼진	피안타율	WHIP	bWAR
2023	35	2	2	1	39.0	4.62	28	0.236	1.13	0.1
통산	171	5	10	34	146.2	4.05	133	0.267	1.31	0.5

구리엘 JR.	경기	득점	안타	홈런	타점	도루	볼넷	타율	OPS	bWAR
2023	145	65	144	24	82	5	33	0.261	0.772	3.0
통산	613	289	635	92	336	19	139	0.279	0.791	10.8

SAN DIEGO
PADRES

SINCE 1969

샌디에이고
파드리스

창단연도 1969년(55주년)
우승 내셔널리그 2회, 디비전 5회
홈구장 펫코 파크(2004~)
구단주 에릭 쿠센다(임시)
사장 A.J. 프렐러(단장 겸임)
단장 브랜든 곰스
연고지 캘리포니아주 샌디에이고

캘리포니아주 샌디에이고

샌디에이고는 미국 캘리포니아주의 남쪽에 위치한 항만 도시다. 130만 명이 넘는 인구가 거주하는 이 도시는 '미국에서 가장 살기 좋은 도시(America's Finest City)'로 불린다. 지중해성 기후로 사시사철 쾌청하고 화창한 날씨를 자랑하는 샌디에이고는 미국 서부 지역 대표 휴양 도시이자 미국인들이 은퇴하고 가장 살고 싶은 도시로 손꼽히는 곳이다. 도시 인구는 약 138만 명이지만, 광역권으로 따지면 약 330만 명에 달하는 큰 도시이다. 인구수로는 미국에서 8번째로 큰 도시지만, 근처 로스앤젤레스(LA)나 샌프란시스코에 비하면 시장 규모는 작은 편이다. 샌디에이고 시에는 세계에서 가장 큰 해군 함대를 보유한 해군 기지가 위치해 각종 부대 시설, 해병대와 해안 경비대 기지가 모여 있다. 영화 〈탑건〉 시리즈의 배경이 된 도시가 바로 샌디에이고다. 집약된 샌디에이고 시의 해군 관련 인프라는 샌디에이고 시의 경제에 기반이 되어 왔으며 지금도 시 전체 일자리의 4분의 1가량을 제공하고 있다. 여기에서 파생된 조선소와 방위 산업도 여전히 성장과 발전을 거듭하고 있다. 샌디에이고 파드리스의 주말 홈경기에 해군들의 모습을 많이 찾아볼 수 있는 이유도 여기에 있다.

RETIRED NUMBERS

6 스티브 가비

19 토니 그윈

31 데이브 윈필드

35 랜디 존스

42 재키 로빈슨

51 트레버 호프먼

WORLD SERIES
NATIONAL LEAGUE
1984
1998
WEST DIVISION
1984
1996
1998
2005
2006
petco park
QUIDEL
MARLINS
PADRES
WESTERN METAL SUPPLY CO.
CUTWATER SPIRITS
ORIS
ROCKET LEAGUE
us bank
Qualcomm
GEICO
Southwest
illumina
dexcom
ARCO
Sycuan

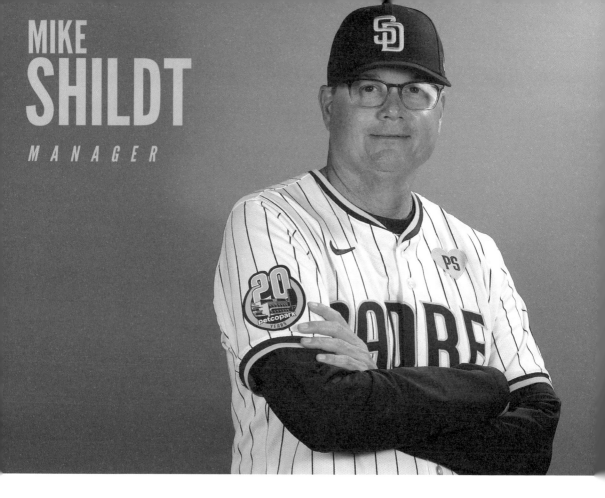

MIKE
SHILDT
MANAGER

감독	마이크 쉴트(56세)
선수경력	–
감독경력	통산 451경기 252승 199패 ǀ 승률 .559
	세인트루이스(2018~2021) 〉 샌디에이고(2024~)
	NL 올해의 감독상(2019) ǀ 디비전 우승(2019)

마이크 쉴트 감독은 국내 팬들에게도 제법 익숙한 이름일 것이다. 2017년에는 오승환과, 2020년에는 김광현과 세인트루이스에서 연을 맺었다. 대학교 때까지 야구를 했지만 결국 프로에 데뷔하지 못한 그는 아마추어 팀 코치로 일찌감치 지도자의 길을 걸었다. 세인트루이스의 스카우트로 프로 구단에 입성한 뒤, 파트타임 코치부터 감독까지 마이너리그의 각 단계를 거치며 다양한 경험을 쌓았다. 쉴트는 2018년 여름, 마이크 매서니 감독의 후임으로 세인트루이스 감독이 됐다. 메이저리그 데뷔를 떠나, 마이너리그 선수 경험도 없이 메이저리그 감독이 된 첫 사례다. 그는 2019년부터 3년 연속 가을야구 진출을 이끌었으나 2021년 포스트시즌 도중 갑작스러운 경질로 계약기간을 1년 남긴 채 팀을 떠났다. 프런트와의 마찰 때문이었다. 경질 이후 두 시즌 동안 샌디에이고에서 구단 자문을 맡았던 그는 밥 멜빈 감독의 뒤를 이어 새 감독이 됐다. 세인트루이스 시절 불펜 의존도가 높아 혹사 논란에 시달리기도 했던 만큼 투수 교체와 운영에서 얼만큼 발전한 모습을 보여줄 것인지가 관건이다. 개성 강한 스타가 많은 샌디에이고의 선수단 관리도 그에게는 새로운 과제다.

LINE-UP

POTENTIAL 2024 DEFENSIVE ALIGNMENT

| LF |
주릭슨 프로파

| CF |
잭슨 메릴

| RF |
페르난도 타티스 주니어

| SS |
김하성

| 2B |
잰더 보가츠

| 3B |
타일러 웨이드

| 1B |
제이크 크로넨워스

| DH |
매니 마차도

| C |
루이스 캄푸사노

BATTING ORDER

1 잰더 보가츠 2B / R
2 페르난도 타티스 주니어 RF / R
3 제이크 크로넨워스 1B / L
4 매니 마차도 DH / R
5 김하성 SS / R
6 주릭슨 프로파 LF / S
7 루이스 캄푸사노 C / R
8 타일러 웨이드 3B / L
9 잭슨 메릴 CF / L

COACHING STAFF

타격 빅터 로드리게스
보조타격 마이크 맥코이, 팻 오설리반
투수 루벤 니에블라
1루 & 외야 · 주루 인스트럭터 데이빗 매시아스
불펜 벤 프리츠
3루 & 내야 · 주루 인스트럭터 팀 레이퍼
배터리 브라이언 에스포시토
경기전략 피터 섬머빌
불펜포수 에베르토 안드라데

2023 DATA REVIEW

STATS

BATTER			PITCHER
752	13위 : 득점	승리 : 15위	82
1316	22위 : 안타	패배 : 15위	80
205	13위 : 홈런	세이브 : 22위	36
719	13위 : 타점	이닝 : 12위	1441.0
137	9위 : 도루	실점 : 2위	648
653	1위 : 볼넷	탈삼진 : 10위	1445
1311	8위 : 삼진	선발 ERA : 1위	3.69
0.244	20위 : 타율	불펜 ERA : 10위	3.80
0.329	7위 : 출루율	피안타율 : 4위	0.233
0.742	13위 : OPS	WHIP : 13위	1.27

RECORDS

BATTER			PITCHER
0.285	잰더 보가츠 : 타율	승리 : 블레이크 스넬, 마이클 와카	14
109	후안 소토 : 타점	ERA : 블레이크 스넬	2.25
35	후안 소토 : 홈런	탈삼진 : 블레이크 스넬	234
38	김하성 : 도루	세이브 : 조시 헤이더	33
5.8	김하성 : WAR	WAR : 블레이크 스넬	6.0

그야말로 기적이 필요하다

PREVIEW 진퇴양난. 올 시즌 샌디에이고를 표현하기에 이만큼 좋은 사자성어는 없다. 지난해 겨울 보가츠와의 FA 계약을 시작으로 마차도, 다르빗슈, 크로넨워스 등 팀내 주축 선수들과의 재계약까지 샌디에이고가 지출한 금액은 거의 9억 달러에 달했다. 그러나 실망스러운 시즌을 보낸 뒤 샌디에이고에 남은 건 어디서부터 풀어야 할지 감도 잡기 어려운 매듭뿐이다. 샌디에이고는 중계 방송사 밸리스포츠의 운영사 다이아몬드 스포츠 그룹의 파산 여파를 가장 크게 체감한 구단이다. 구단 가치 성장을 꾀한 샌디에이고는 계속되는 스타 선수 영입을 통해 전국구 인기구단으로 발돋움할 수 있는 발판을 마련했다. 하지만 중계권사 파산으로 중계권료 수익을 장담할 수 없는 상황이 되자 메이저리그에서 세 번째로 많은 선수단 연봉 규모(2억 5,600만 달러)는 곧장 무거운 짐이 됐다. 결국 지난 9월, 샌디에이고는 단기적인 현금 유동성 문제를 해결함과 동시에 선수단 급여 지급을 위해 5,000만 달러의 대출을 받기까지 했다. 시즌이 끝난 뒤 또 하나의 슬픈 소식이 전해졌다. 11월, 구단주 피터 세이들러가 향년 63세의 나이로 세상을 떠났다는 소식이었다. 2012년 구단을 인수했고, 2020년부터 공식 구단주가 된 세이들러는 야구단을 통해 지역 주민들이 하나로 뭉칠 수 있다는 꿈을 가진 사람이었다. 막대한 중계권 수입과 열정적인 구단주의 투자 아래 오늘의 샌디에이고가 있을 수 있었고, 새 시즌을 준비하는 지금, 샌디에이고에게는 둘 다 남아 있지 않다.

올겨울 재정난을 마주한 샌디에이고는 몸값이 크게 뛰어오른 팀내 최고 타자 후안 소토를 트레이드 시장에 내놓을 수밖에 없었다. 성적 부진의 원인이 투수진보다는 타선에 있다는 걸 생각해 봤을 때 소토의 공백은 쉽사리 메우기 어려울 것으로 보인다. 반면, 투수진은 스넬과 헤이더 등 이탈한 FA 주축 선수들이 많지만 트레이드를 통해 공백을 최소화했다. 소토를 보내면서 받은 즉전감 자원에 더해 스프링캠프 막판 딜런 시즈를 영입하며 전력 유지에 애썼다. 장기계약을 맺은 선수들이 많아 리빌딩을 위한 선택도 내릴 수 없는 상황 속 당장은 울며 겨자 먹기로 달려야 한다.

KIM
HA-SEONG

김하성

28세 | 2루수·유격수 | 우투우타 | 175cm 76kg | 대한민국

7

2021년 메이저리그 진출 당시, 4년 2,800만 달러라는 계약 조건보다 놀라웠던 건 김하성이 선택한 팀이었다. 샌디에이고의 탄탄한 내야를 비집고 주전 경쟁을 이겨낼 수 있겠냐는 물음에 그는 최고의 선수들과 훈련하고 경기하는 것만으로도 성장할 수 있다며 각오를 다졌다. 벤치가 익숙했던 시절을 지나 잘 성장해 한국인 메이저리거 최초, 아시아 내야수 최초 골드글러브(유틸리티 부문) 수상자가 됐다. 올해는 그의 야구 인생에서 가장 중요한 1년이 될 전망이다. 시즌 뒤 FA 자격을 얻는 김하성은 CBS 스포츠가 선정한 '2025년 예비 FA 랭킹'에서 전체 6위에 올랐다. 지난해 활약으로 기대치가 한껏 올라갔다. 잰더 보가츠 영입으로 내줬던 유격수 자리도 한 시즌 만에 되찾아왔다. 지난 시즌 초반, 바뀐 타격폼에 적응기를 거친 김하성은 5월부터 8월까지 맹타(15홈런 타율 0.294 OPS 0.847)를 휘둘렀다. 그는 어떤 타순에서든 팀 내 가장 꾸준한 타자로 존재감을 드러냈다. 후반기 막판 찾아온 타격 부진(9

월 0홈런 타율 0.176 OPS 0.471)은 아쉬웠다. 공수주 모두에서 보이는 허슬 플레이는 큰 체력 소모를 불러왔다. 전반기까지만 해도 약점으로 꼽힌 95마일 이상 빠른 볼에 타율 0.310으로 잘 대처했지만, 후반기 들어 가중된 체력 부담으로 어려움을 겪었다. 따라서 새 시즌 핵심은 체력 관리다. 스토브리그를 뜨겁게 달군 트레이드설도 최소 여름까지는 들려오지 않을 것으로 보인다. 소토보다 더 많은 문의를 받았다는 사실이 밝혀졌을 만큼 김하성에 대한 관심은 뜨거웠다. 하지만 올 시즌 성적을 내야 하는 샌디에이고에게 김하성은 연봉 700만 달러밖에 되지 않는 저비용 고효율 선수다. 따라서 트레이드 성사는 힘들었다. 그러나 팀의 가을야구 가능성이 낮아질 수록 김하성이 유니폼을 갈아입을 확률은 높아질 것이다. 만약 시즌 도중 트레이드가 이뤄진다면 가을야구를 바라보고 있는 팀으로의 이적이 유력하다. 갑작스러운 환경의 변화는 큰 변수지만, 선수 커리어에는 나쁠 것이 없다. 이 경우 퀄리파잉 오퍼 없이 FA 시장에 나갈 수 있다는 점도 호재다.

	경기	득점	안타	홈런	타점	도루	볼넷	타율	OPS	bWAR
2023	152	84	140	17	60	38	75	0.260	0.749	5.8
통산	419	169	324	36	153	56	148	0.245	0.708	12.9

XANDER BOGAERTS

잰더 보가츠

31세 | 유격수 | 우투우타 | 188cm 98kg | 네덜란드

2 우려는 현실이 됐다. 11년 2억 8,000만 달러라는 거대한 계약 규모도 규모지만 이미 포화 상태인 내야에 보가츠 영입은 중복 투자라는 목소리가 많았다. 이미 김하성이 풀타임 주전 유격수로 타티스 주니어의 공백을 훌륭히 메운 뒤였기에 샌디에이고의 행보는 의아함을 자아냈다. 포지션 교통 정리가 뒤따랐다. 김하성은 2루로, 크로넨워스는 1루로 자리를 옮겼다. 보가츠의 영입은 오히려 두 선수의 가치를 깎아먹는 불필요한 영입처럼 보였다. 보가츠는 우려를 잠재우듯 4월까지 맹타를 휘둘렀다(6홈런 13타점 타율 0.308 OPS 0.914). 그러나 5월부터 보가츠의 방망이는 싸늘하게 식어가기 시작했다. 손목 문제였다. 보스턴 시절부터 갖고 있었던 고질적인 손목 통증이 재발해 경기력에 영향을 미쳤다. 특히 클러치 상황에서의 타격 부진이 결정적이었다(득점권 타율 0.192). 가을야구 가능성이 1% 미만으로 떨어진 9월부터 보가츠는 다시 반등에 성공했다(4홈런 13타점 타율 0.418 OPS 1.122). 표면적인 시즌 최종 성적은 나쁘지 않았지만 보가츠를 영입하며 기대했던 모습에는 크게 미치지 못했다. 시즌이 끝난 뒤 현지 매체 디애슬레틱을 통해 샌디에이고 구단 내부에서도 보가츠의 포지션 변경에 대한 내부 논의가 있었다는 소식이 전해졌다. 전체적인 수비 지표는 무난했지만 스탯캐스트 기준 하위 24%에 해당하는 송구 속도가 문제였다. 샌디에이고는 보가츠가 1루를 맡고, 김하성이 유격수를, 크로넨워스가 2루를 맡는 것이 이상적인 내야진 구상이라고 판단했다. 스프링캠프 개막을 앞두고 포지션 변경 계획이 밝혀졌다. 1루로의 이동은 아니었지만 김하성에게 유격수 포지션을 내주고 빅리그 데뷔 후 첫 2루수 출전에 나서게 됐다. 시범경기에서 중계 플레이 미스, 병살 연결 실패 등 경험 부족으로 인한 실수가 나왔지만, 김하성과 크로넨워스 등의 도움과 함께 포지션에 익숙해지고 있다. 31살 시즌을 맞는 보가츠는 앞으로도 10년의 계약을 남겨두고 있다. 공수겸장 유격수에서 애물단지로 전락할 위기에 처한 보가츠에게는 명예회복이 필요하다.

	경기	득점	안타	홈런	타점	도루	볼넷	타율	OPS	bWAR
2023	155	83	170	19	58	19	56	0.285	0.790	4.4
통산	1419	835	1580	175	741	93	517	0.291	0.812	39.6

FERNANDO TATIS JR.

페르난도 타티스 주니어

25세 | 외야수 | 우투우타 | 190cm 98kg | 도미니카

23

화려하고 역동적인 플레이, 팬들의 시선을 사로잡는 비주얼, 스타일까지, 타티스 주니어는 2019년 데뷔 이후 빠르게 전국구 인기스타로 자리매김했다. 타티스는 2015년 시카고 화이트삭스와 82만 5,000달러에 국제 아마추어 계약을 맺었다. 계약 직후 샌디에이고로 트레이드 된 뒤, 두 시즌 연속 마이너리그를 폭격한 타티스는 2019년 발표된 각종 유망주 랭킹에서 전체 2위에 오른다(1위 블라디미르 게레로 주니어). 기세를 이어 타티스는 약관의 나이로 빅리그 개막전 로스터에 포함됐는데, 이는 그의 스타성을 직접 확인한 마차도가 구단주에게 타티스를 마이너리그로 내리지 말아달라고 직접 부탁한 결과였다. 타티스는 첫 시즌 햄스트링과 등 부상으로 84경기 출전에 그쳤지만 내셔널리그 신인왕 투표에서 3위에 올랐을 정도로 인상적이었다. 이듬해 단축시즌에도 MVP 4위, 유격수 부문 실버슬러거를 수상하며 팀의 간판으로 자리잡았다. 그의 재능을 확신한 샌

디에이고는 2021 시즌을 앞두고 타티스에게 야구 역사상 최장 기간인 14년 3억 4,000만 달러의 초장기 계약을 안겨줬다. 활약은 이어졌다. 어깨 탈구로 세 차례나 부상자 명단에 올랐지만 42홈런을 때리며 내셔널리그 홈런왕에 올랐다. 올스타 선정과 MVP 3위, 또 한 차례의 실버슬러거 수상까지, 샌디에이고의 이른 베팅이 신의 한 수처럼 보이던 순간, 몰락이 찾아왔다. 오프시즌 바이크 사고가 손목 부상의 원인이 됐다는 정황이 밝혀졌다. 프로 의식에 대한 비판이 뒤따랐다. 설상가상으로 재활 중이던 8월, 금지약물 복용이 적발돼 80경기 출장 정지 징계가 내려졌다. 징계 기간 동안 어깨 수술과 손목 수술을 받고 지난해 돌아온 타티스는 타격에서마저 커리어 로우를 기록했다. 그동안의 성적이 모두 약물 덕이었다는 조롱을 감내해야 했다. 다만 우익수로의 포지션 변경은 성공적이었다. 외야수로도 압도적인 스탯을 쌓으며 내셔널리그 우익수 부문 골드글러브와 최고의 수비수에게 주어지는 플래티넘글러브를 받았다는 점은 위안거리다.

	경기	득점	안타	홈런	타점	도루	볼넷	타율	OPS	bWAR
2023	141	91	148	25	78	29	53	0.257	0.770	5.5
통산	414	301	451	106	273	81	172	0.280	0.896	19.0

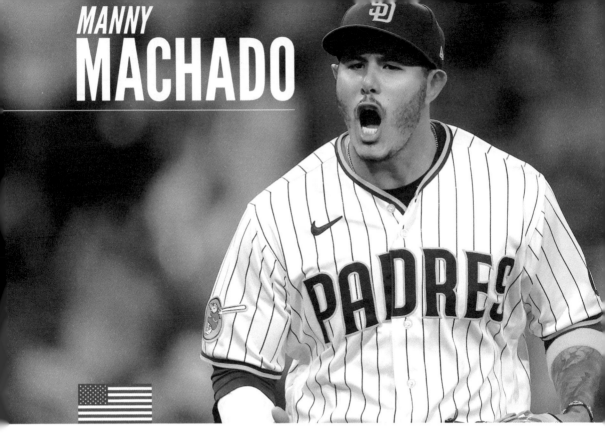

MANNY MACHADO

매니 마차도

31세 | 3루수 | 우투우타 | 190cm 98kg | 미국-도미니카

13

마차도는 메이저리그를 대표하는 만능 3루수다. 2할 후반대의 타율과 30홈런을 넘길 수 있는 장타력, 통산 두 차례 3루수 골드글러브를 수상했을 정도로 탄탄한 수비까지. 2010년대 이후 메이저리그 3루수 계보에서 빼놓을 수 없는 선수가 바로 마차도다. 2019년 샌디에이고와 10년 3억 달러의 계약을 맺은 뒤에도 마차도는 2020년 MVP 3위, 2022년 MVP 2위에 오르며 팀 전성기의 주축 선수로 우뚝 섰다. 샌디에이고는 2023 시즌이 끝난 뒤 옵트아웃을 통해 시장에 나갈 수 있는 마차도를 미리 붙잡길 원했고, 지난 봄 기존 계약에 5년 1억 7,000만 달러를 추가하는 형태로 총 11년 3억 5,000만 달러 규모 연장 계약을 안겨줬다. 마차도는 2023 시즌 새로 도입된 '피치 클락(Pitch Clock)' 제도 적응에 어려움을 겪었다. 마차도는 시범경기 때부터 규정 위반으로 이슈를 만들더니, 개막 후에도 좀처럼 템포를 잡지 못했다. 결국 마차도는 피치 클락 위반에 항의하다 퇴장당한 첫 선수가 됐다.

이 영향으로 마차도는 5월 중순까지 극심한 부진을 겪었다(5홈런 19타점 타율 0.231 OPS 0.654). 설상가상으로 왼손에 사구를 맞아 2014년 이후 첫 부상자 명단에 이름을 올리기까지 했다. 마차도는 6월 초 빠른 복귀 후 서서히 타격감을 끌어올리고 있었다. 그러나 이번에는 팔꿈치 통증이 마차도를 괴롭혔다. 후반기 들어 지명타자로 출전하는 경기가 늘어났고, 실낱같은 가을야구 가능성에 시즌 끝까지 완주하는 투혼을 발휘했지만 실망스러운 연장 계약 첫해였음은 부인하기 어렵다. 시즌 종료 후, 곧바로 팔꿈치 수술을 받은 마차도는 시범경기에서도 타석을 소화하며 컨디션을 끌어올렸다. 구단 측은 타격에는 문제가 없을 것으로 보고 있지만 수비에 나설 수 있기까지는 조금 더 시간이 필요하다는 입장이다. 시즌 초반에는 주로 지명타자로 나서며 천천히 3루수로의 복귀를 준비할 전망이다.

	경기	득점	안타	홈런	타점	도루	볼넷	타율	OPS	bWAR
2023	138	75	140	30	91	3	50	0.258	0.782	2.9
통산	1583	914	1737	313	944	88	563	0.279	0.829	54.9

YU DARVISH

다르빗슈 유

37세 | 선발투수 | 우투우타 | 196cm 99kg | 일본

11

1986년생으로 어느덧 30대 중반을 넘어선 다르빗슈는 여전히 평균 94.7마일의 빠른 공을 던진다. 던지는 구종도 다양하다. 포심과 투심, 슬라이더, 스위퍼, 커터, 커브, 스플리터까지 실전에서 구사하는 공만 무려 7가지에 달한다. 다르빗슈는 구위를 앞세워 이른 카운트부터 적극적으로 스트라이크 존을 공략하는 투수다. 그리고 승부를 유리한 카운트로 이끌어 여러 결정구를 통해 타자의 헛스윙을 유도하는 투구 패턴을 보인다. 2022년, 허리 통증에서 벗어나 샌디에이고 이적 후 최고의 시즌(16승 8패 ERA 3.10)을 만든 다르빗슈는 지난해 2월 샌디에이고와 재계약을 맺었다. 1억 800만 달러의 보장 총액보다 놀라운 건 6년의 계약 기간이었다. 기간을 늘려 연평균 금액을 낮추고, 이로써 사치세 계산에 여유를 두고자 하는 샌디에이고의 노림수였지만 계약을 제시받은 다르빗슈조차 "솔직히 6년 계약은 생각도 못했다"며 놀라움을 드러낼 정도였다. 이번 계약으로 다르빗슈는 42살이 되는 2028 시즌까지 샌디에이고에서 뛸 수 있게 됐다. 계약 체결 뒤 다르빗슈는 2023 월드 베이스볼 클래식(WBC)에 참가하기 위해 소속팀의 허락을 맡아 미야자키 일본 대표팀 캠프에 조기 합류했다. 스프링 트레이닝을 통해 피치 클락 등 달라진 규정들에 적응할 시간이 필요하지 않겠냐는 우려에도 구단은 다르빗슈를 신뢰했다. 비록 WBC에서 다르빗슈 개인은 좋은 성적을 남기지 못했지만 젊은 투수들의 멘토를 자처했고, 결국 우승 메달을 목에 걸고 소속팀으로 돌아왔다. 그러나 36살 투수에게 6년 계약을 안겨준 샌디에이고의 선택은 첫해부터 실패로 돌아갔다. 다르빗슈는 부진 끝에 8월 말 팔꿈치 부상으로 부상자 명단에 등재돼 복귀하지 않고 시즌을 마쳤다. 다르빗슈는 지난 2013년 텍사스 시절에는 토미 존 수술을, 2018년 컵스 시절에도 팔꿈치 관절경 수술을 받은 바 있다. 다행히도 수술까지 필요하지는 않았다. 개막전 선발로도 이름을 올렸다. 다르빗슈가 개막전 선발투수로 나서는 것은 2017년과 2021년, 2022년에 이어 네 번째다.

	경기	승	패	이닝	ERA	탈삼진	QS	피안타율	WHIP	bWAR
2023	24	8	10	136.1	4.56	141	10	0.259	1.30	0.7
통산	266	103	85	1624.1	3.59	1929	155	0.221	1.14	31.3

MICHAEL KING

마이클 킹

29세 | 선발투수 | 우투우타 | 190cm 95kg | 미국

34

킹은 2016년 메이저리그 신인 드래프트에서 마이애미 말린스의 12라운드에 지명돼 프로 생활을 시작했다. 킹은 평범한 구위 때문에 그리 주목받지 못했다. 2017년 싱글A에서 안정적인 성적을 거뒀음에도 킹을 높게 평가하지 않은 마이애미는 국제 유망주 보너스 풀과 함께 킹을 묶어 양키스로 트레이드했다. 양키스 산하 마이너리그에서 커터를 장착한 뒤, 킹은 유망주 가치를 급격히 끌어올렸다. 이를 바탕으로 2017년 상위 싱글A에서 시즌을 시작한 킹은 트리플A까지 어려움 없이 승격돼 메이저리그 데뷔를 눈앞에 뒀다. 킹은 하위 선발 로테이션 정도는 맡을 수 있는 안전 자산형 유망주로 평가됐다. 2019년 양키스 소속으로 메이저리그에 데뷔한 이래 선발과 불펜을 오가는 스윙맨으로 쓰였던 킹은 2022년을 앞두고 동료 선수였던 클루버와 오타비노의 도움을 받아 변화구를 가다듬었다. 특히 오타비노는 킹의 커터가 스위퍼성 움직임을 보일 수 있도록 조언

을 췄는데, 킹은 2022년부터 투심과 반대되는 궤적의 스위퍼를 적극 활용하며 두각을 드러냈다. 킹은 지난해 멀티 이닝을 소화하는 불펜투수로 시즌을 시작했지만 필승조부터 마무리까지 점차 중요한 역할을 맡아 기대 이상으로 기여했다. 시즌 막판에는 급하게 보직을 옮겨 선발로도 긴 이닝을 소화할 수 있음을 증명했다. 우타자를 상대로는 싱커와 스위퍼를 조합해 좌우로 혼란을 췄다면, 좌타자를 상대로는 포심과 체인지업을 던져 높낮이 구분을 준다. 유망주 시절부터 고평가 받은 커맨드를 통해 스트라이크 존 근처에서 미묘하게 상대 배트를 피해가는 피칭을 즐기는 선수다. 데뷔 시즌 91.4마일에 그쳤던 평균구속을 94.7마일까지 끌어올린 것 또한 성적 향상의 원인이다. 킹은 올해 샌디에이고 성적의 성패를 쥔 선수다. 후안 소토를 양키스로 보내고 받아온 선발투수 자원이기 때문이다. 블레이크 스넬, 세스 루고, 마이클 와카 등 잡지 못한 투수들의 공백을 메워줘야 한다. 킹이 풀타임 선발투수로 시즌을 준비하는 것은 올해가 처음이다.

	경기	승	패	이닝	ERA	탈삼진	QS	피안타율	WHIP	bWAR
2023	49	4	8	8	104.2	2.75	127	0.226	1.15	3.2
통산	115	13	17	29	247.2	3.38	282	0.228	1.19	5.5

JOE MUSGROVE

조 머스그로브

31세 | 선발투수 | 우투우타 | 196cm 104kg | 미국

44

머스그로브는 샌디에이고 근교 엘 카혼에서 태어난 로컬 보이다. 어린 시절 샌디에이고 에이스 제이크 피비를 보며 자란 그는 등번호도 피비의 44번을 달고 있다. 마이너리그 시절부터 평균 90마일 초중반대의 구속, 평균 이상의 슬라이더, 발전 가능성이 충분한 체인지업까지 세 가지 구종을 정교하게 제구할 수 있는 투수로 큰 기대를 받았다(2015년 휴스턴 올해의 마이너리그 투수 선정). 2016년 8월, 메이저리그에 데뷔해 선발투수로 가능성을 드러냈고 이듬해에도 선발과 불펜을 오가며 휴스턴의 첫 월드시리즈 우승에 보탬이 됐다. 우승의 기쁨도 잠시, 2018 시즌을 앞두고 게릿 콜 트레이드에 포함돼 피츠버그 유니폼을 입는다. 이때 그와 함께 팀을 옮긴 선수 중 하나가 바로 지난해 NC 다이노스에서 뛴 제이슨 마틴이다. 피츠버그에서 머스그로브는 3년간 붙박이 선발투수로 뛰었다. 이 기간 동안 투심, 커터 활용을 늘렸고, 이는 탈삼진 능력 향상으로 연결됐다. 비

록 수비의 도움을 받지 못해 표면적인 성적은 좋지 못했지만, 머스그로브는 블레이크 스넬과 다르빗슈를 영입한 뒤에도 선발투수를 원했던 샌디에이고의 타깃이 됐다. 삼각 트레이드를 통해 샌디에이고에 합류한 그는 2021년 4월 9일 텍사스 원정경기에서 구단 역사상 첫 노히트 노런을 달성했다. 이듬해에도 활약을 이어간 머스그로브는 8월 1일 샌디에이고와 5년 1억 달러의 연장 계약을 맺고 2027년까지 고향팀에서 뛸 수 있게 됐다. 머스그로브의 단점은 내구성이다. 커리어 동안 어깨, 손목, 팔꿈치 인대, 쇄골 등 다양한 부상을 겪었다. 지난해에는 스프링캠프 기간 웨이트 트레이닝을 하다가 발가락 골절상을 입는 불운을 겪었다. 4월 말 돌아와 호투했지만 시즌을 완주하지는 못했다. 어깨 통증 때문이었다. 마이너리그 시절까지 포함하면 벌써 세 번째 어깨 부상이다. 선발진의 뎁스 자체가 얕은 샌디에이고는 이 또한 언제 터질지 모르는 불안요소다.

	경기	승	패	이닝	ERA	탈삼진	QS	피안타율	WHIP	bWAR
2023	17	10	3	97.1	3.05	97	11	0.247	1.15	1.9
통산	187	60	57	956.1	3.72	949	84	0.242	1.17	12.9

YUKI MATSUI

마츠이 유키

28세 | 불펜투수 | 좌투좌타 | 173cm 75kg | 일본

1 유키는 명실상부 일본 최고의 마무리 투수. 세 차례나 퍼시픽리그 구원왕에 올랐고, 일본프로야구(NPB) 최연소 200세이브를 거두며 고점과 꾸준함 모두 증명했다. 좌완 마무리 투수 조시 헤이더를 놓친 샌디에이고에게는 매력적인 매물임이 분명했다. 샌디에이고는 5년 2,800만 달러의 계약 조건으로 유키를 영입했다. 옵트아웃 조항을 삽입했으며, 계약 기간 내에 심각한 팔꿈치 부상을 당할 경우 마지막 5년 차 계약을 구단 옵션으로 바꿀 수 있는 조항까지 넣어 안전장치를 마련했다. 2012년 고교 2학년 시절, 고시엔에 나선 유키는 대회 역사상 최고 기록인 한 경기 22삼진, 10타자 연속 삼진을 잡아내며 특급 유망주로 이름을 알렸다. 2013년 NPB 드래프트에서 5개 구단의 1차 지명을 받았고, 추첨을 통해 협상권을 얻은 라쿠텐 골든이글스와 계약했다. 입단하자마자 스프링캠프에 참가할 정도로 큰 기대를 받았는데, 라쿠텐 역사상 신인이 스프링캠프에 참가한 사례는 2007년 다나카 마사히로 이후 처음이었다.

개막전부터 선발 로테이션에 포함되었으나 선발투수로서의 성적은 좋지 못했다. 2년 차인 2015년부터 불펜으로 보직을 옮겼고 마무리 투수 자리를 꿰차 활약을 이어왔다. 이대호의 소프트뱅크 호크스 시절 감독이었던 쿠도 키미야스는 유키가 많은 탈삼진을 잡아내는 비결로 디셉션을 꼽았다. 오른 어깨가 열리는 시점에도 왼팔이 뒤에 머물러 타자가 공을 인식하는 시간이 늦는다는 것이다. 덧붙여 패스트볼과 스플리터, 슬라이더의 궤적이 비슷해 구분이 어렵고, 회전수가 높아 갑자기 휘어지는 것처럼 보인다고 말했다. 90마일 초반대의 빠르지 않은 구속으로도 경쟁력을 보인 이유다. 결정구는 스플리터(2023 시즌 피안타율 0.120)다. 그동안 빅리그에서 성공을 거둔 일본인 투수들을 생각해보면 유키의 스플리터도 위력적인 무기가 될 것으로 보인다. 관건은 제구다. 9이닝당 볼넷 4개는 좋지 않은 수치이다(통산 659.2이닝 295볼넷). 진출 직전인 지난해 볼넷이 크게 줄어든 점은 그나마 호재다(2023시즌 57.1이닝 13볼넷).

	경기	승	패	세이브	이닝	ERA	탈삼진	피안타율	WHIP	bWAR
2023	59	2	3	39	57.1	1.57	72	0.189	0.89	-
통산	501	25	46	236	659.2	2.40	860	0.187	1.11	-

*일본프로야구(NPB) 기록

DYLAN CEASE

딜런 시즈

28세 | 선발투수 | 우투우타 | 188cm 90kg | 미국

84

시범경기 막판 샌디에이고발 대형 트레이드가 터졌다. 시즈는 이번 겨울 코빈 번스와 함께 트레이드 후보로 가장 많이 이름을 올린 선발투수였다. 번스는 밀워키를 떠나 볼티모어에 입성했지만 시즈는 화이트삭스가 큰 대가를 요구하면서 이적 없이 시즌을 맞는 것처럼 보였다. 그러나 게릿 콜을 필두로 여러 선발투수들이 부상을 입으면서 다시 논의가 재개되기 시작됐고 양키스와 텍사스 등 여러 팀들이 관심을 가진다는 소식이 전해졌다. 그러나 결국 시즈를 영입한 팀은 '매드맨' 프렐러 단장의 샌디에이고였다. 유망주 셋과 즉전감 불펜 하나를 내주고 거래를 성사시켰다. 시즈는 2014년 신인드래프트 6라운드에서 시카고 컵스의 지명을 받았다. 2017년 호세 퀸타나 트레이드에 포함돼 시카고 화이트삭스로 팀을 옮겼고 2019년 메이저리그에 데뷔해 2021년부터 풀타임 선발로 활약하고 있다. 시즈의 가장 큰 장점은 바로 탈삼진 능력이다. 최근 3년 연속 200탈삼진을 넘

게 잡았고, 이 기간 동안 메이저리그에서 가장 많은 헛스윙을 유도했다. 커리어 하이는 지난 2022년이다. 14승 8패 184이닝 ERA 2.20 227개의 삼진을 잡아내며 저스틴 벌랜더에 이어 사이영상 2위를 차지했다. 단점은 제구다. 해당 시즌에도 78개의 볼넷을 내줘 최다 볼넷의 불명예를 안았다. 지난해 샌디에이고 소속으로 사이영상을 수상한 블레이크 스넬과 판박이다. 지난해 구속 하락을 겪었지만 여전히 평균 95.6마일의 빠른 공을 공격적으로 스트라이크 존 상단에 꽂아넣는 유형이다. 이후 슬라이더와 너클커브를 떨어뜨려 헛스윙을 유도하는 투구 패턴은 알고도 치기 어려울 정도로 위력적이다. 올해 연봉이 800만 달러에 불과하다는 점도 매력적이다. 에이스급 선발투수를 영입하면서 사치세를 넘기지 않겠다는 목표를 동시에 달성했다. 올해 포함 FA 전까지 두 시즌을 쓸 수 있다는 점을 고려해봤을 때, 만약 기대한 만큼의 성적이 나오지 않는다면 시즌 도중이나 겨울 동안 재판매에 나설 가능성도 있다.

	경기	승	패	이닝	ERA	탈삼진	QS	피안타율	WHIP	bWAR
2023	33	7	9	177.0	4.58	214	12	0.250	1.42	2.4
통산	123	43	35	658.0	3.83	793	35	0.228	1.31	11.7

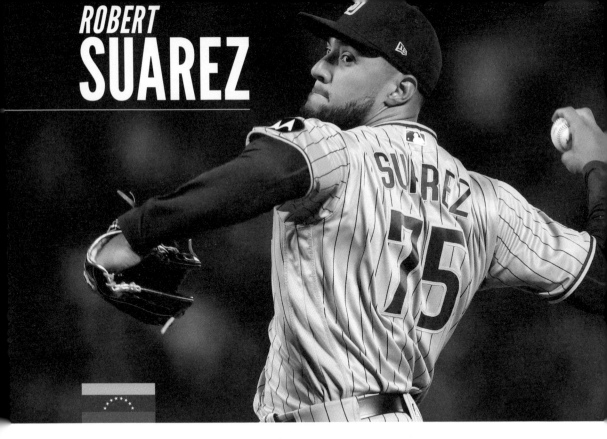

ROBERT SUAREZ

로베르트 수아레스

33세 | 불펜투수 | 우투우타 | 188cm 95kg | 베네수엘라

75

수아레스는 어린 시절 형 알버트(전 삼성 라이온즈)와 함께 야구를 시작했다. 그러나 16살에 탬파베이와 계약을 맺은 형과 달리 프로 구단의 선택을 받지 못했다. 프로 입단 좌절 뒤 그는 택시 기사나 경비원으로 일하며 간간이 공을 던지는 삶을 이어갔다. 그런 그의 재능을 알아보고 멕시코 리그에서 뛰어보지 않겠냐고 제안한 사람이 나타났다. 수아레스의 가슴에 다시 불이 붙는 순간이었다. 2015년, 그동안 번 돈을 모두 털어 멕시코로 넘어간 수아레스는 금세 여러 스카우트의 관심을 끌었다. 마무리 투수로 멕시코 리그를 폭격하고 소프트뱅크 호크스와 계약해 일본 무대를 밟았다. 필승조로 2016 시즌을 보낸 그에게 한번의 시련이 더 닥쳤다. 시즌 뒤 베네수엘라 소속으로 참가한 2017 월드베이스볼클래식(WBC)에서 토미 존 수술이 필요한 팔꿈치 부상을 입은 것이었다. 오랜 재활 끝에 복귀했지만 부진은 이어졌다. 소프트뱅크는 수아레스와 결별했지만, 경쟁력이 있다고

판단한 한신 타이거즈가 손을 내밀었다. 토미 존 수술의 후유증을 털어낸 수아레스는 평균 96마일의 패스트볼을 앞세워 화려하게 부활, 2020년과 2021년 2년 연속 센트럴리그 세이브왕에 올랐다. 이를 바탕으로 2022년 샌디에이고와 선수 옵션이 포함된 1년 700만 달러에 계약, 메이저리그의 꿈을 이뤘다. 첫 시즌 활약(5승 1패 47.2이닝 ERA 2.27)으로 선수 옵션을 실행하지 않고 시장에 나온 수아레스는 샌디에이고와 5년 4,600만 달러 규모의 계약을 맺고 돌아왔다. 지난해에는 비록 팔꿈치 염증의 여파로 부진했으나 올 시즌 가장 먼저 마무리 기회를 받을 것으로 보인다. 불펜에서 가장 많은 돈을 받는 선수(2024년 연봉 1,000만 달러)기 때문이다. 만약 그의 부진이 올해에도 이어진다면 마츠이 유키에게도 기회가 돌아갈 수 있다. 집단 마무리 체제를 암시한 마이크 쉴트 감독이지만 메이저리그를 처음 밟는 두 선수에 비해 수아레스가 앞서 있는 것은 사실. 다행히 부상 복귀 후에도 평균 97.6마일을 찍을 정도로 구속 하락은 없었다.

	경기	승	패	홀드	이닝	ERA	탈삼진	피안타율	WHIP	bWAR
2023	26	4	3	8	27.2	4.23	24	0.155	0.90	0.0
통산	71	9	4	19	75.1	2.99	85	0.168	1.00	1.5

제이크 크로넨워스

30세 | 1루수·2루수 | 좌투좌타 | 183cm 84kg | 미국

크로넨워스는 2020년을 앞두고 샌디에이고에 합류했다. 2019년 트리플A 인터내셔널 리그에서 0.334의 타율로 타격왕을 차지하며 가치를 끌어올린 그는 단축 시즌으로 열린 2020년 신인왕 공동 2위에 오르며 성공적으로 빅리그에 데뷔했다. 컨택 능력을 바탕으로 2할 중후반대의 타율과 두 자릿수 홈런을 칠 수 있는 장타력, 뛰어난 선구안과 다양한 포지션을 소화할 수 있다는 장점을 두루 지녔다. 2021년과 2022년, 두 차례 올스타에 선정되며 간판 내야수로 성장한 그는 지난해 4월, 7년 8,000만 달러에 계약을 연장했다. 그러나 새 계약을 맺자마자 부진한 모습을 보였다. 포지션 변경의 여파도 무시할 수 없었다. 보 가츠 영입으로 1루로 포지션을 옮겨야 했다. 거포 유형이 아닌 그에게는 선수 가치를 깎아먹는 일이었다. 시즌이 끝난 뒤 샌디에이고는 그를 트레이드 매물로 시장에 내놨다. 페이롤 감축을 위해서였지만 올해부터 시작되는 잔여 계약 탓에 의미 있는 논의를 나누지는 못했다.

루이스 캄푸사노

25세 | 포수 | 우투우타 | 180cm 105kg | 미국

캄푸사노는 올해 주전 포수 마스크를 쓸 것으로 예상되는 선수다. 마이너리그에서는 더 이상 증명할 것이 없을 정도로 포수로서 훌륭한 타격 성적을 남겨 큰 기대를 모았다. 힘과 배트 스피드가 좋아 꾸준히 강한 타구를 만들 수 있는 능력을 갖췄다. 컨택과 파워를 모두 갖춘 포수로서 작년부터 서서히 공격형 포수로서의 잠재력을 드러냈다. 메이저리그에서는 타석에서 조급한 모습을 보였지만 유망주 시절에는 선구안도 높게 평가받았다. 포수로서도 덩치에 비해 운동 능력과 민첩성 강한 어깨를 갖췄으며 블로킹 측면에서 최근 큰 발전을 이뤘다. 그러나 프레이밍에 있어서는 아직 경험 부족을 드러내고 있다. 내성적인 성격을 지녔다는 점도 포수로서는 단점이다. 투수와 경기 계획을 세우고 운영하는 데에 어려움을 겪고 있으며 집중력 부족은 개선이 필요하다는 지적을 받아왔다. 수비형 포수 카일 히가시오카 영입은 캄푸사노가 아직 수비적인 측면에서의 발전이 필요하다는 프런트의 메시지다.

크로넨워스	경기	득점	안타	홈런	타점	도루	볼넷	타율	OPS	bWAR
2023	127	54	105	10	48	6	46	0.229	0.689	1.0
통산	491	262	445	52	227	16	189	0.249	0.749	11.5

캄푸사노	경기	득점	안타	홈런	타점	도루	볼넷	타율	OPS	bWAR
2023	49	27	52	7	30	0	7	0.319	0.847	1.0
통산	77	33	68	9	37	0	12	0.274	0.731	0.4

주릭슨 프로파

31세 | 외야수 | 우투양타 | 183kg 83kg | 네덜란드

샌디에이고의 오프시즌 과제 중 하나는 외야수 보강이었다. 트레이드를 통해 소토와 그리샴, 두 외야수를 뉴욕 양키스로 보낸 빈자리를 메워야 했기 때문이다. 2월 13일, 샌디에이고는 FA 신분이었던 프로파를 재영입하면서 좌익수를 채웠다. 저렴한 금액이었다. 1년 100만 달러, 타석 수에 따른 인센티브까지 더해도 150만 달러에 불과했다. 프로파는 2020년부터 2022년까지 3년 동안 샌디에이고에서 뛰며 내야와 외야를 가리지 않고 유틸리티 플레이어로 뛰었다. 눈에 띄는 타격 성적은 아니지만 다양한 수비 포지션을 소화했다. 지난해 콜로라도와 1년 775만 달러에 계약해 팀을 옮겼지만 최악의 부진을 겪은 끝에 8월 27일 방출됐다. 나흘 뒤 샌디에이고와 마이너리그 계약을 맺고 다시 돌아온 프로파는 올 시즌 샌디에이고의 주전 좌익수로 나설 전망이다. 프로파는 김하성과도 막역한 사이다. 서로를 형과 동생으로 부르며 두터운 친분을 자랑했다.

그레이엄 폴리

23세 | 3루수 | 우투좌타 | 185cm 90kg | 미국

폴리는 빅리그 경험이 없는 신인이다. 듀크 대학 출신으로 2022년 신인드래프트 13라운드 지명에 그친 폴리는 지난해 마이너리그에서의 활약으로 MLB 파이프라인 팀 내 유망주 순위를 30위에서 11위로 끌어올렸다. 이를 바탕으로 폴리는 빅리그 초청선수 명단에 포함돼 스프링 캠프에 합류했다. 샌디에이고는 마차도가 개막전 3루수로 뛸 수 없게 되면서 3루수로 뛸 선수를 골라내는 작업을 캠프 내내 해왔고, 폴리는 매튜 바튼, 에기 로사리오, 타일러 웨이드를 제치고 코칭 스태프의 눈도장을 받았다. 봄의 활약을 이어갈 수만 있다면 폴리는 마차도가 3루수로 복귀한 뒤에도 백업 코너 내야수를 맡거나 지명타자로 출전할 것으로 예상된다. 시범경기에서는 좌타자임에도 좌투수를 상대로도 약점을 드러내지 않았다. 쉴트 감독은 "주전 선수가 되기 위해서는 좌타자도 좌투수 공을 칠 수 있어야 한다. 폴리가 그럴 수 있다는 것은 좋은 신호다. 확실히 좋은 봄을 보냈다"며 만족감을 드러냈다.

프로파	경기	득점	안타	홈런	타점	도루	볼넷	타율	OPS	bWAR
2023	125	55	111	9	46	1	50	0.242	0.689	-1.3
통산	961	434	759	87	359	47	354	0.238	0.706	5.0

폴리	경기	득점	안타	홈런	타점	도루	볼넷	타율	OPS	bWAR
2023	127	98	148	23	94	22	60	0.308	0.931	-
통산	159	121	177	27	119	28	81	0.302	0.922	-

*그레이엄 폴리 : 마이너리그 기록

3 JACKSON MERRILL 🇺🇸   ## 28 JOSE AZOCAR 🇻🇪

잭슨 메릴

21세 | 유격수·외야수 | 우투좌타 | 190cm 88kg | 미국

메릴은 2021년 신인 드래프트 1라운드 27번으로 샌디에이고에 지명됐다. 대학 진학을 고민했으나 180만 달러의 계약금에 프로행을 선택했다. 최근 발표된 MLB 파이프라인 유망주 랭킹 전체 12위에 올랐다. 변화구 대처 능력과 부드러운 스윙, 좌타자임에도 좌투수에게 약점을 보이지 않는 타격 스킬을 지녔다. 매년 30홈런을 때릴 수 있는 거포 유격수로 성장할 잠재력을 지녔다는 평가를 받았는데, 지난해 마이너리그에서 땅볼 비율을 59.6%에서 42.5%까지 낮추고 공을 띄우기 시작하면서 장타력 향상에 대한 믿음은 더 커졌다. 올 시즌 메릴의 포지션은 외야가 될 가능성이 높다. 스프링캠프에 참여한 메릴은 "좌익수와 중견수, 2루까지 훈련했다. 어떤 위치든 준비했다"며 다양한 포지션을 소화할 수 있다는 점을 어필했다. 구단 관계자들은 야구 실력도 실력이지만, 클럽하우스의 문화를 바꿀 수 있는 리더십과 프로 의식을 지녔다는 것도 높게 사고 있다.

호세 아조카

28세 | 외야수 | 우투우타 | 180cm 82kg | 베네수엘라

베네수엘라 출신의 아조카는 지난 2022년 시범경기에서의 인상적인 활약을 바탕으로 개막 로스터에 합류해 메이저리그에 데뷔했다. 그러나 지난 두 시즌 그의 역할은 주로 대수비와 대주자에 그쳤다. 외야 전 포지션을 볼 수 있는 수비력과 강한 어깨, 빠른 발을 지녔지만 타석에서의 생산력이 크게 아쉬웠다. 아조카는 마이너리그 시절에도 평균 이하의 파워와 공을 쫓는 성향으로 많은 삼진을 기록했다. 쉴트 감독은 취임 후 지역 유력 매체 샌디에이고 유니온-트리뷴과의 인터뷰에서 "소토와 그리샴이 떠나면서 생긴 빈자리는 호세 아조카 등 내부 유망주로 채우겠다"고 밝혔지만, 이후 프로파와 단년 계약을 체결하며 외야 보강에 나섰다. 메릴에게도 외야수 글러브를 끼웠고, 다른 구단과도 외야수를 놓고 트레이드를 논의하기도 했다. 그러나 확실히 아조카에게는 올 시즌이 기회다. 주축 선수들이 많이 빠진 가운데, 현재 로스터에서 중견수로 가장 많은 출전 경험을 지닌 선수는 아조카다.

메릴	경기	득점	안타	홈런	타점	도루	볼넷	타율	OPS	bWAR
2023	114	76	129	15	64	15	35	0.277	0.770	–
통산	200	133	236	21	114	31	65	0.295	0.802	–

아조카	경기	득점	안타	홈런	타점	도루	볼넷	타율	OPS	bWAR
2023	55	16	21	2	9	8	4	0.231	0.641	0.1
통산	153	40	73	2	19	13	16	0.249	0.633	0.2

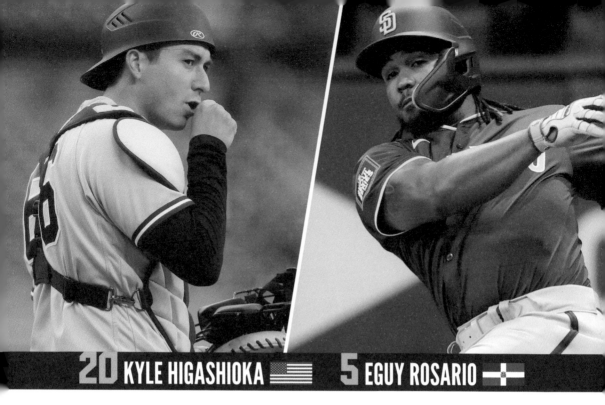

카일 히가시오카

34세 | 포수 | 우투우타 | 185cm 91kg | 미국

히가시오카는 소토 트레이드 때 포함돼 뉴욕 양키스를 떠나 샌디에이고에 합류했다. 산체스, 놀라와 재계약하지 않기로 결정하면서 백업 포수를 확보할 필요성이 있기 때문이었다. 고교 시절부터 수비에서 좋은 평가를 받은 히가시오카는 빅리그 커리어 대부분 백업 포수로 뛰었다. 산체스의 수비 불안으로 2020년부터 출전 기회를 늘린 그는 게릿 콜의 전담 포수로 뛰면서 탁월한 프레이밍과 블로킹 능력, 도루 저지 능력을 선보여 코칭 스태프의 신임을 얻었다. 2021년부터 세 시즌 연속 10홈런을 기록하며 장타력을 보이기도 했지만 타율과 출루율은 높지 않은 편이다. 그러나 투수들이 히가시오카와 호흡을 맞추고 싶어하는 이유는 수비 능력 때문만은 아니다. 투수들과의 소통에 적극적인 그의 자세 때문이다. 히가시오카는 중남미 출신 선수들과의 소통을 위해 고등학교 때부터 스페인어를 배웠고, 양키스가 일본인 선수인 다나카 마사히로를 영입하자 일본어를 익히는 학구적인 모습도 갖췄다.

에기 로사리오

24세 | 2루수·3루수 | 우투우타 | 170cm 68kg | 도미니카

로사리오는 올 시즌 샌디에이고 내야의 뎁스를 책임질 백업 요원이다. 2015년, 16살의 나이로 국제 아마추어 FA로 샌디에이고와 계약했다. 로사리오는 매년 리그에서 가장 어린 선수 중 하나였고 때문에 리그에서의 성적은 상대적으로 좋지 못했다. 하지만 매년 마이너리그 단계를 밟아나간 그는 20대에 접어들어 근육이 붙으며 체구가 커졌고, 2022년, 트리플A에서 타율 0.288 22홈런 81타점으로 활약했다. 이를 바탕으로 확장 로스터를 앞두고 메이저리그에 콜업됐으나 대타로 6타석에 나서는 데 그쳤다. 시즌이 끝난 뒤 윈터리그를 뛰다가 발목이 부러져 재활에 매진했고 9월에야 메이저리그에 돌아올 수 있었다. 짧은 기회였지만 대타 자원으로는 나쁘지 않은 타격 능력을 선보였다. 마이너리그에서 주로 2루수로 뛴 로사리오는 강한 어깨를 가져 3루수 소화도 문제없다는 평가다. 마이너리그 한 시즌 30도루를 기록한 적도 있을 만큼 베이스 위에서도 평균 이상의 주력을 가졌다.

히가시오카	경기	득점	안타	홈런	타점	도루	볼넷	타율	OPS	bWAR
2023	92	24	57	10	34	0	14	0.236	0.687	-0.3
통산	314	94	180	40	121	0	51	0.210	0.647	0.9

로사리오	경기	득점	안타	홈런	타점	도루	볼넷	타율	OPS	bWAR
2023	11	6	9	2	6	0	1	0.250	0.770	0.4
통산	18	6	10	2	6	0	2	0.244	0.742	0.5

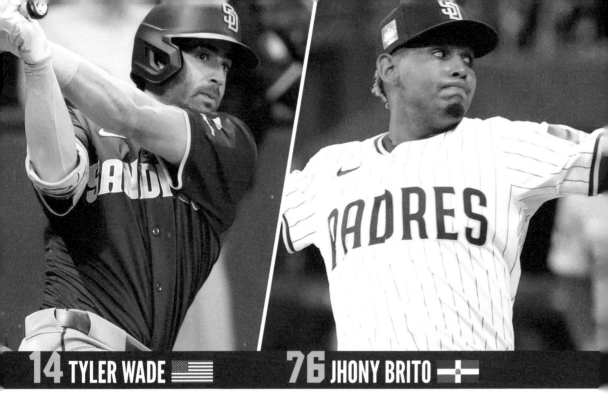

타일러 웨이드

29세 | 유틸리티 | 우투좌타 | 185cm 85kg | 미국

시범경기에서의 활약으로 개막전 로스터 야수 마지막 한 자리에 포함된 좌타 슈퍼 유틸리티. 지난해 11월 샌디에이고와 마이너리그 계약을 맺고 초청선수로 캠프에 합류했다. 2013년 신인드래프트 4라운드에서 뉴욕 양키스의 지명을 받았다. 원래 샌디에이고 주립 대학에 진학이 예정되어 있었으나 37만 달러의 계약금을 받고 프로에 가기로 마음을 먹었다. 이후 양키스와 LA 에인절스, 오클랜드를 거쳐 돌고 돌아 샌디에이고로 왔다. 웨이드는 자신을 '맥가이버 칼'에 비유했는데, 이는 2017년 양키스 소속으로 메이저리그에 데뷔한 이래 7시즌 동안 1루수와 포수를 제외한 모든 포지션을 경험했기 때문이다. 타격 능력이 떨어져 중용받지는 못했지만 이러한 다재다능함을 앞세워 선수 생활을 이어왔다. 많은 야수들이 FA로 떠난 샌디에이고에서도 웨이드의 역할은 내외야 전포지션 백업 및 대주자다. 좌타자가 부족한 로스터 구성상 먼저 기회를 받았다.

자니 브리토

26세 | 선발투수 | 우투우타 | 188cm 95kg | 도미니카

브리토는 소토 트레이드를 통해 샌디에이고에 합류한 젊은 우완 투수다. 지난해 루이스 세베리노의 부상으로 뉴욕 양키스의 개막전 로테이션 한 자리를 채우기 위해 빅리그 로스터에 이름을 올리며 데뷔했다. 선발투수로서는 다소 아쉬웠지만(선발 ERA 6.32) 시즌 막판 불펜투수로 보직을 옮긴 뒤에는 강력한 구위를 뽐내며 활약했다(불펜 ERA 1.43). 올 봄에도 샌디에이고의 하위 선발 로테이션 두 자리를 놓고 치열한 경쟁을 벌인 끝에 기회를 잡았다. 브리토는 평균 96마일에 달하는 투심 패스트볼과 함께 체인지업을 주무기로 활용한다. 시범경기에서는 선발투수로서 커브를 더 많이 섞어던지는 시도가 필요하다는 조언을 받아들여 레퍼토리 다양화를 꾀했다. 일단 성적으로 아빌라, 바스케스 등 경쟁자를 제쳤지만 확실한 입지를 확보한 것은 아닌 만큼 시즌 초반 성적이 중요하다. 양키스 시절부터 성적 이상으로 성실함과 연습량으로 호평받은 만큼 성장 가능성은 무궁무진한 원석이다.

웨이드	경기	득점	안타	홈런	타점	도루	볼넷	타율	OPS	bWAR
2023	26	8	13	0	2	4	4	0.255	0.623	-0.3
통산	357	111	137	7	43	42	62	0.217	0.593	-0.6

브리토	경기	승	패	이닝	ERA	탈삼진	QS	피안타율	WHIP	bWAR
2023	25	9	7	90.1	4.28	72	0	0.244	1.22	0.7
통산	25	9	7	90.1	4.28	72	0	0.244	1.22	0.7

98 RANDY VASQUEZ

62 ENYEL DE LOS SANTOS

랜디 바스케스

25세 | 선발투수 | 우투우타 | 183cm 74kg | 도미니카

바스케스는 소토 트레이드를 통해 샌디에이고에 합류한 우완 투수다. 2021년 여름, 조이 갈로 영입의 대가로 텍사스가 요구한 선수지만, 당시 양키스는 바스케스를 지키는 선택을 내렸다. 바스케스는 평균 94.4마일의 패스트볼과 투심, 커터, 스위퍼, 체인지업, 커브 등 다양한 구종을 던질 수 있다. 이미 지난해 양키스에서 데뷔해 선발과 불펜을 오가며 인상적인 투구를 보였다. 즉시전력감이 필요했던 샌디에이고의 눈에 든 이유다. 바스케스의 가장 강력한 무기는 커브와 스위퍼다. 두 구종의 회전수는 각각 3062회, 3013회에 달하는데, 이는 지난해 250구 이상던진 메이저리그 투수들 중 9위, 2위에 해당한다. 위력적인 구종을 갖추고 있으나 무기를 잘 조합하는 것이 중요한, 원석에 가까운 선수다. 운동 능력과 투구폼은 훌륭하나 신체 조건 때문에 선발투수로서의 미래는 불투명하다. 스카우트들은 그가 불펜투수로 변신한다면 좋은 결정구를 갖고 있기에 1이닝은 확실히 막아낼 것으로 본다.

에니엘 데 로스 산토스

28세 | 불펜투수 | 우투우타 | 190cm 106kg | 도미니카

데 로스 산토스는 2022년, 투수 조련에 일가견이 있는 클리블랜드로 이적한 뒤 불펜투수로서 꽃을 피웠다. 선발투수로 커리어를 시작했지만 평균 90마일 중후반대의 빠른 구속을 앞세워 불펜투수로의 전향을 선택했다. 그는 패스트볼 외에도 슬라이더와 체인지업을 던지는데, 특히 종으로 떨어지는 슬라이더는 지난해 피안타율 0.125를 기록할 정도로 위력적이었다. 지난해 11월 샌디에이고는 클리블랜드와의 트레이드를 통해 스캇 바로우를 보내고 그를 영입했다. 똑같은 우완 불펜 필승조지만 샌디에이고는 FA까지 1년 남은 바로우 대신 3년을 더 쓸 수 있는 데 로스 산토스를 영입해 장기적인 그림을 그렸다. 이번 트레이드로 돈도 아낄 수 있었다. 데 로스 산토스는 올해 116만 달러의 연봉을 받는데, 바로우의 연봉 670만 달러에 비해 554만 달러가 저렴한 금액이다.

바스케스	경기	승	패	이닝	ERA	탈삼진	QS	피안타율	WHIP	bWAR
2023	11	2	2	37.2	2.87	33	0	0.211	1.27	1.0
통산	11	2	2	37.2	2.87	33	0	0.211	1.27	1.0

산토스	경기	승	패	홀드	이닝	ERA	탈삼진	피안타율	WHIP	bWAR
2023	70	5	2	16	65.2	3.29	62	0.216	1.14	1.1
통산	165	13	4	21	184.1	4.20	195	0.242	1.29	1.1

58 WANDY PERALTA

56 JEREMIAH ESTRADA

완디 페랄타

32세 | 불펜투수 | 좌투좌타 | 183cm 102kg | 도미니카

최근 2년 동안 양키스에서 필승 좌완 불펜으로 뛴 페랄타
와 샌디에이고의 4년 1,650만 달러 계약 소식은 여러가
지로 놀라움을 줬다. 선발투수, 외야수 등 보강해야 할 포
지션이 많은 샌디에이고가 나름 괜찮았던 불펜 추가 영입
을 택했다는 것과 4년 계약에 매년 옵트아웃 조항을 넣었
다는 점 때문이었다. 선수에게 친화적인 계약 옵션을 통
해 연평균 금액을 낮추고자 한 프런트의 의도가 엿보인
다. 페랄타는 평균 90마일 중후반대의 싱커와 체인지업
을 섞어 땅볼을 유도하는 투수다. 그러나 지난해 표면적
인 성적에 비해 세부 지표는 좋지 못했다. 높은 잔루율
(85.2%)와 커리어 대비 크게 낮아진 BABIP(0.218)에 비
춰봤을 때 2.83의 ERA는 운이 따른 결과다. 2022년 9이
닝당 2.7개에 불과했던 볼넷이 5.0개로 늘어난 것도 우
려를 산다. 원래부터 제구가 안정적인 투수는 아니었기에
위기 상황보다는 좌타자가 많은 타순을 상대할 때나 땅볼
유도가 필요할 때 기용될 것으로 보인다.

제레미아 에스트라다

25세 | 불펜투수 | 우투양타 | 185cm 83kg | 미국

에스트라다는 평균 95.7마일의 빠른 패스트볼을 지닌 우
완 불펜투수다. 2017년 신인드래프트 6라운드에서 시카
고 컵스에 지명됐다. 2016년 여름 쇼케이스에서 인상적
인 모습을 보이며 1라운드 후보로까지 꼽혔으나 드래프
트를 앞두고 부진해 지명 순번이 크게 밀렸다. 컵스는 그
가 기량을 회복할 것으로 보고 영입했지만 큰 부상을 연
달아 입으며 기대만큼 성장하지 못했다. 2018년에는 팔
꿈치 통증을 호소해 시즌을 통째로 쉬었고, 2019년에 돌
아왔지만 결국 토미 존 수술을 받아 오랜 시간 부상으로
신음했다. 2022년이 돼서야 잠재력을 서서히 드러냈다.
마이너리그에서 48.1이닝을 던지는 동안 무려 78개의 탈
삼진을 잡았고 평균자책점은 1.30에 불과했다. 활약을 바
탕으로 메이저리그에 콜업됐으나 두 시즌 연속 크게 부진
한 끝에 컵스에서 방출됐고, 웨이버를 통해 지난 시즌이
끝난 뒤 샌디에이고에 합류했다. 우완 불펜 스티븐 윌슨
이 팀을 옮기면서 로스터 진입 기회를 잡았다.

페랄타	경기	승	패	홀드	이닝	ERA	탈삼진	피안타율	WHIP	bWAR
2023	63	4	2	18	54.0	2.83	51	0.190	1.22	1.4
통산	385	19	18	61	345.2	3.88	291	0.241	1.35	3.4

에스트라다	경기	승	패	홀드	이닝	ERA	탈삼진	피안타율	WHIP	bWAR
2023	12	0	0	1	10.2	6.75	13	0.279	2.25	-0.2
통산	17	0	0	1	16.1	5.51	21	0.281	2.02	-0.1

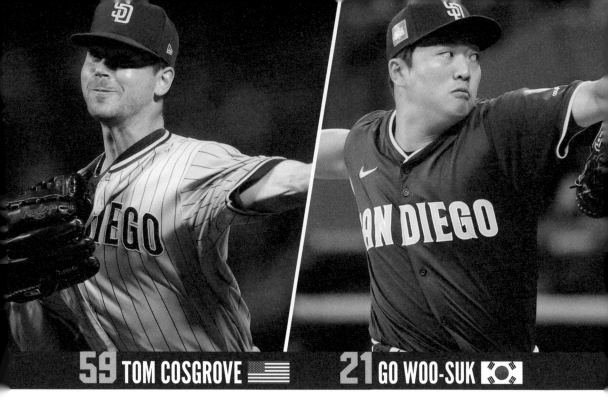

59 TOM COSGROVE 🇺🇸   21 GO WOO-SUK 🇰🇷

톰 코스그로브

28세 | 불펜투수 | 좌투좌타 | 188cm 86kg | 미국

좌완 불펜 코스그로브는 지난해 샌디에이고의 히트 상품 중 하나다. 2022년 신임 투수 개발 디렉터인 롭 마르셀로의 제안으로 팔각도를 사이드암에 가까운 스리쿼터로 낮췄다. 투구폼 변경 전까지는 평범한 투수였던 그가 달라진 순간이었다. 팔각도를 낮추면서 패스트볼 구속 역시 평균 90마일 초중반대로 끌어올릴 수 있었다. 투심을 장착해 더 많은 땅볼과 헛스윙을 유도했고, 원래 결정구로 활용하던 커브 대신 슬라이더를 던지게 하면서 좌타자 상대 더 까다로운 투수로 바뀌었다. 코스그로브는 지난해 메이저리그 타자들을 상대로도 평균타구속도 83.9마일을 기록하며 약한 타구를 많이 유도했는데 이는 리그 상위 1%에 해당한다. 그는 올해도 좌타자 상대 스페셜리스트로 기용될 전망이다. 한편, 코스그로브는 2019년 가을 토미 존 수술을 받고 재활 중일 때 불법 가택 침입으로 동료 선수와 함께 체포된 적이 있었다. 부끄러운 과거지만 다행히 기소되지 않아 선수 생활을 이어갈 수 있었다.

고우석

25세 | 불펜투수 | 우투우타 | 180cm 89kg | 대한민국

고우석은 우승의 감동이 가시기도 전에 포스팅 신청으로 미국 진출을 선언했다. 그러나 시장의 반응은 냉담했고, 샌디에이고만이 손을 내밀었다. 마감을 19시간 남겨 놓고 보장금액 2년 450만 달러의 계약을 체결한 것. 지난해 부진 속에서도 패스트볼 구속(평균 152.5km/h)은 여전했다. 주무기는 슬라이더. 커리어 하이를 찍은 2022년 슬라이더 피안타율은 0.145에 불과했다. 써드 피치인 커브도 높은 패스트볼과 조합해 떨어뜨린다면 무기가 될 수 있다. 그러나 고우석은 일단 마이너리그에서 시즌을 시작하게 됐다. 서울 시리즈 개막전에도 나서지 못해 자존심을 구겼다. 시범경기 극심한 부진으로 감독의 신임을 얻지 못했다. 내년부터 마이너리그 거부권을 갖게 되지만, 한 자리를 확보하지 못한 채 다음 시즌을 맞는다면 이 조항은 오히려 독이다. 구단 입장에서는 복잡한 절차를 거치느니 아예 쓰지 않을 수도 있기 때문. 일단은 마이너리그에서 좋은 모습을 보여 콜업되는 것이 최우선 목표다.

코스그로브	경기	승	패	홀드	이닝	ERA	탈삼진	피안타율	WHIP	bWAR
2023	54	1	2	7	51.1	1.75	44	0.173	0.97	1.4
통산	54	1	2	7	51.1	1.75	44	0.173	0.97	1.4

고우석	경기	승	패	세이브	이닝	ERA	탈삼진	피안타율	WHIP	bWAR
2023	44	3	8	15	44.0	3.68	59	0.235	1.36	-
통산	353	19	26	138	367.1	3.19	401	0.225	1.27	-

*고우석 : 한국프로야구(KBO) 기록

SAN FRANCISCO
GIANTS

SINCE 1883

샌프란시스코 자이언츠

창단연도 1883년(141주년, 당시 뉴욕 고담스)
우승 월드시리즈 8회, 내셔널리그 23회, 디비전 9회
홈구장 오라클파크(2000~)
구단주 그렉 존슨 대표 구단주 외 32명 혹은 기업
사장 파르한 자이디
단장 피트 푸틸라
연고지 뉴욕주 뉴욕시 맨해튼(1883~1957)
　　　　 캘리포니아주 샌프란시스코(1958~)

캘리포니아주 샌프란시스코

미국 서부 캘리포니아 북부에 위치한 항구도시. 미국을 대표하는 경제 도시 중 하나로, 뱅크 오브 아메리카(Bank of America) 본사가 그 입지를 대변하고 있다. 또한 실리콘 밸리로 대표되는 과학 기술 분야에서는 최고 수준의 경쟁력을 갖춘 곳으로, 샌프란시스코와 그 인근 지역에 애플(Apple)을 포함해 X(구 트위터), 우버(Uber), 인스타그램(Instagram) 등 유명 빅테크 스타트업 기업의 본사를 만날 수 있다. 캘리포니아 북부에 위치해 있어 우리가 생각하는 기온보다는 조금 더 쌀쌀한 곳으로, 미국을 대표하는 소설가 중 한 명인 마크 트웨인은 "내가 겪은 가장 추운 겨울은 샌프란시스코에서의 여름이었다"라는 말을 남기기도 했다. 여기에, 바닷가에 위치한데다 북태평양 한류가 지나며 특유의 안개 낀 날씨를 만들어내는 탓에 '포그 시티(Fog City)'라는 별명이 붙어있기도 하다. 오클랜드 등 인근 도시까지 아우르는 '베이 에어리어(Bay Area)'라고 부르기도 한다. 스포츠 프랜차이즈로는 자이언츠 외에도 오클랜드 애슬레틱스 등 야구 팀이 있으며, NBA 골든스테이트 워리어스 및 NFL 포티나이너스 등이 전국적인 사랑을 받고 있다.

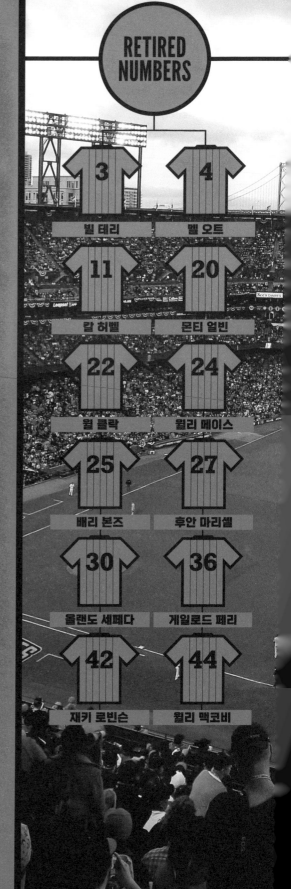

RETIRED NUMBERS

3 빌 테리	4 멜 오트
11 칼 허벨	20 몬티 얼빈
22 윌 클락	24 윌리 메이스
25 배리 본즈	27 후안 마리셸
30 올랜도 세페다	36 게일로드 페리
42 재키 로빈슨	44 윌리 맥코비

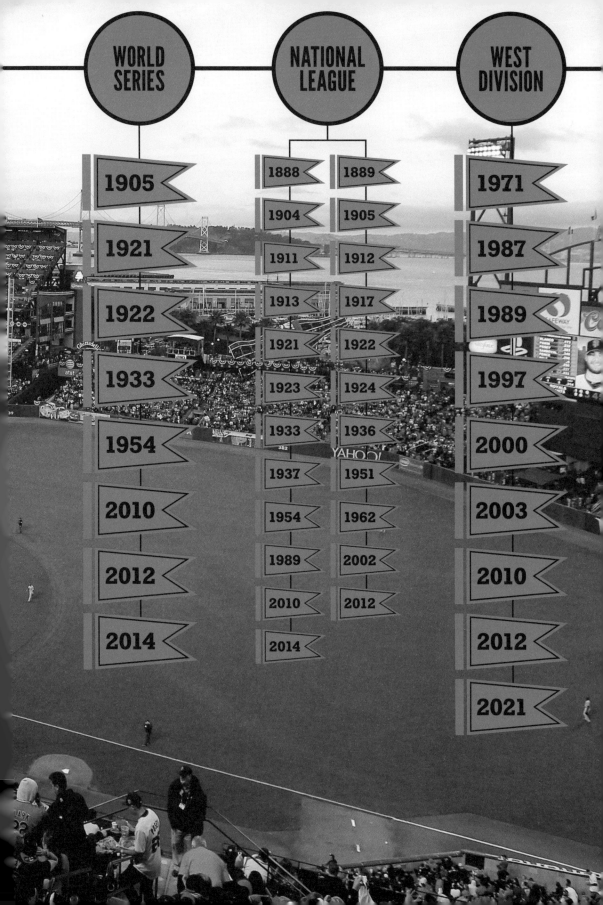

WORLD SERIES

1905
1921
1922
1933
1954
2010
2012
2014

NATIONAL LEAGUE

1888	1889
1904	1905
1911	1912
1913	1917
1921	1922
1923	1924
1933	1936
1937	1951
1954	1962
1989	2002
2010	2012
2014	

WEST DIVISION

1971
1987
1989
1997
2000
2003
2010
2012
2021

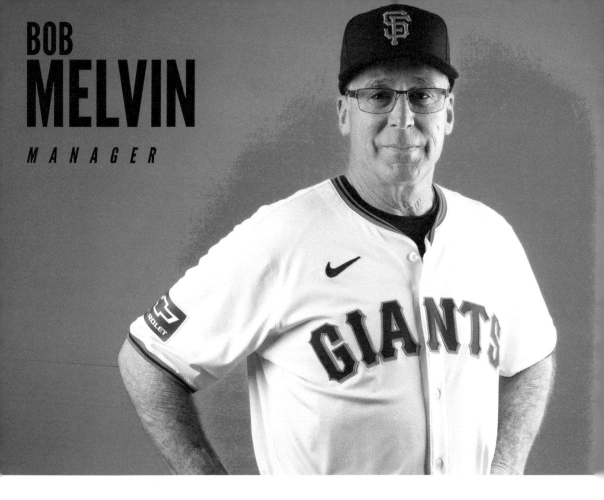

BOB
MELVIN

MANAGER

감독	밥 멜빈(63세)
선수경력	디트로이트(1985) 〉 샌프란시스코(1986~1988) 〉 볼티모어(1989~1991)
	캔자스시티(1992) 〉 보스턴 (1993) 〉 뉴욕 양키스(1994) 〉 시카고 화이트삭스(1994)
감독경력	통산 2942경기 1517승 1425패 l 승률 .516
	시애틀(2003~2004) 〉 애리조나(2005~2009) 〉 오클랜드(2011~2021)
	샌디에이고(2022~2023) 〉 샌프란시스코(2024~)
	NL 올해의 감독상(2007, 2012, 2018)

1981년 신인 드래프트 1라운드 전체 2순위로 디트로이트 타이거즈에 지명된 것을 시작으로 프로 생활을 시작했다. 4년 뒤 1985년, 스물 세살의 나이로 메이저리그에 데뷔했으며, 이후 주로 백업 포수로서 11년을 활약했다. 볼티모어 오리올스, 캔자스시티 로얄스, 보스턴 레드삭스, 뉴욕 양키스, 시카고 화이트삭스 등의 팀에서 활약했지만, 그중에서도 자신의 고향 팀인 샌프란시스코 자이언츠에서 가장 많은 출전 기회를 받았다. 2003년 시애틀 매리너스를 시작으로 메이저리그 감독 커리어를 시작했는데, 그 해부터 2023년까지 21년 동안 감독직을 수행하지 않은 적이 2010년 단 한 시즌밖에 없었을 정도로 '늘 원하는 팀이 있는 명장'으로 활약하고 있다. 2022년 시즌을 앞두고 샌디에이고 파드리스와 3년 계약을 체결했지만, 2023 시즌이 끝난 뒤 구단 허락 하에 샌프란시스코 감독직 면접을 진행했고 최종 합의에 이르면서 취임 2년 만에 디비전 라이벌 팀이자 어린 시절부터 응원한 고향 팀 자이언츠 유니폼을 입게 됐다. 풍부한 경험에서 나오는 야구에 대한 높은 이해도뿐 아니라, 선수단 소통 및 기강 확립 능력을 두루 갖춰 젊은 선수 육성과 당장의 성적을 모두 챙겨야 하는 팀 상황에 적임자라는 평가를 받는다.

LINE-UP

POTENTIAL 2024 DEFENSIVE ALIGNMENT

| LF |
마이클 콘포토

| CF |
이정후

| RF |
마이크 야스트렘스키

| SS |
마르코 루시아노

| 2B |
타이로 에스트라다

| 1B |
라몬트 웨이드 주니어

| 3B |
맷 채프먼

| C |
패트릭 베일리

| DH |
호르헤 솔레어

BATTING ORDER

1 이정후 CF / L
2 타이로 에스트라다 2B / R
3 라몬트 웨이드 주니어 1B / L
4 호르헤 솔레어 DH / R
5 마이클 콘포토 LF / L
6 맷 채프먼 3B / R
7 마이크 야스트렘스키 RF / L
8 패트릭 베일리 C / S
9 마르코 루시아노 SS / R

COACHING STAFF

타격 팻 버렐, 저스틴 비엘
벤치 라이언 크리스챈슨
보조타격 페드로 게레로
투수 브라이언 프라이스
보조투수 J.P. 마르티네즈
1루 마크 홀버그
3루 맷 윌리엄스
배터리 브라이언 에스포시토
불펜 개빈 앨스턴

2023 DATA REVIEW

 B A T T E R P I T C H E R

STATS

BATTER		PITCHER	
674	24위 : 득점	승리 : 18위	79
1271	28위 : 안타	패배 : 13위	83
174	19위 : 홈런	세이브 : 4위	50
651	23위 : 타점	이닝 : 20위	1434.2
57	30위 : 도루	실점 : 16위	719
544	14위 : 볼넷	탈삼진 : 22위	1359
1492	7위 : 삼진	선발 ERA : 10위	4.12
0.235	28위 : 타율	불펜 ERA : 14위	3.92
0.312	24위 : 출루율	피안타율 : 23위	0.253
0.695	26위 : OPS	WHIP : 11위	1.25

RECORDS

BATTER		PITCHER	
0.271	타이로 에스트라다 : 타율	승리 : 로건 웹	11
69	J.D. 데이비스 : 타점	ERA : 카밀로 도발	2.93
23	윌머 플로레스 : 홈런	탈삼진 : 로건 웹	194
23	타이로 에스트라다 : 도루	세이브 : 카밀로 도발	39
2.7	라몬트 웨이드 주니어 : WAR	WAR : 로건 웹	5.5

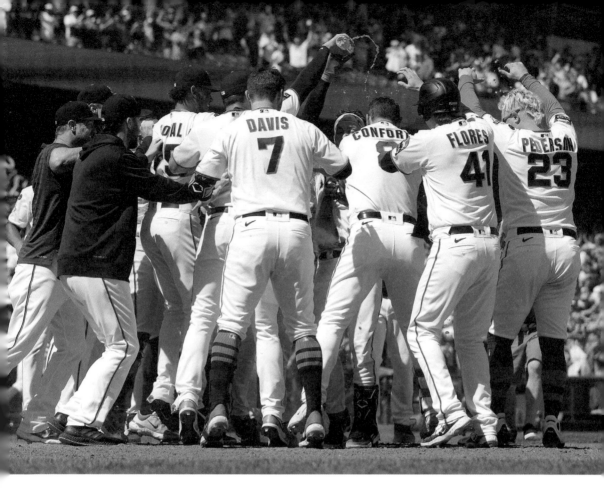

가능성이 아닌 '결과물'을 내야 하는 시즌

PREVIEW 애널리스트 및 개발자를 더 채용한 탓에 기자회견실마저 임시 업무공간으로 썼을 만큼 '분석'에 많은 공을 들였지만, 자이언츠의 2023년은 기대에 미치지 못했다. 오히려 전년 대비 뒷걸음질 친 성적 속에 게이브 캐플러 전 감독이 시즌 중 해임됐고, 오타니와 야마모토 영입전에 나섰지만 실패하는 등의 악재가 이어졌다. 어수선한 분위기 속 희망의 신호탄이 된 것은 이정후 영입이었다. 파르한 자이디 사장은 KBO리그 출신 빅리거 신인 최고액 계약을 안긴 데 그치지 않고, 포수 톰 머피와 2년 계약, 좌완 선발 로비 레이 트레이드 영입, 불펜에서 선발 투수 전환을 시도하는 강속구 투수 조던 힉스 보강을 통해 약점으로 지적된 '구멍'을 채워나갔다. 이후 눈에 띄게 느려진 시장 상황 속에서도 우타 거포 호르헤 솔레어와 3년 계약을 맺는 등 막바지 보강도 충실했다는 평가를 받는다. 다만, '안정감'은 여전히 아쉽다. 지난해 NL 사이영상 투표 2위 로건 웹을 제외하면 선발진에 많은 물음표가 있다. 시즌 후반기에 복귀 예정엔 알렉스 콥, 그리고 레이가 로테이션에 연착륙하는 것이 중요한 가운데, 선발 전환에 재도전하는 강속구 불펜 힉스의 안착 여부도 관심사이다. 전국구 투수 유망주 카일 해리슨의 첫 빅리그 풀타임 시즌 성적도 기대를 모은다. 패트릭 베일리라는 걸출한 포수가 나타나긴 했지만, 공수에서 아쉬움을 남긴 타자가 많았다는 점 또한 불안 요소이다. 지난해 자이언츠 유니폼을 입고 처음 빅리그를 밟은 신인 선수가 12명이나 됐다는 점 또한 '양날의 검'이 될 수 있다. 그 중 일부는 유의미한 성과를 냈지만, 팀이 자랑하던 케이시 슈미트나 루이스 마토스는 기대치와 거리가 먼 데뷔 시즌을 치렀다. 어느덧 여섯 번째 시즌을 맞이하는 '자이디 사장 체제' 샌프란시스코는 이제 구체적인 성과가 필요하다. 미국 내 주요 경제도시 중 한 곳인 '빅마켓' 샌프란시스코는, 2014년 월드시리즈 우승 이후 무관인 상황에 불만이 팽배해졌다. 구단주 그룹은 자이디 사장에게 3년 연장 계약을 선사하며 신뢰를 내보였지만, 민심은 냉랭하다. 이제, 가능성이 아닌 '결과물'을 내야 하는 시즌. 자이언츠의 커다란 도전이 다시 시작된다.

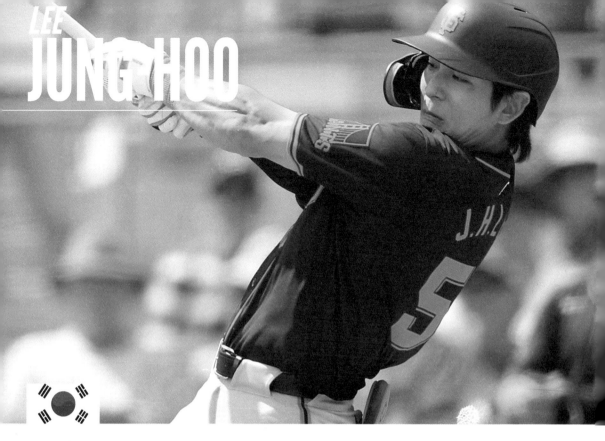

LEE
JUNG HOO

이정후

25세 | 외야수 | 우투좌타 | 185cm 87kg | 대한민국

51

샌프란시스코는 이정후에게 '확신'에 가까운 관심을 갖고 있었다. 2019년 프리미어12 때부터 스카우트진의 이정후 리포트를 받았다고 밝힌 피트 푸틸라 단장은, WBC 같은 국제 무대에서 다르빗슈 유 등의 현역 메이저리거를 상대로 수준 높은 타격을 보인 것이 인상적이었다는 소감을 전하기도 했다. 자이디 사장 또한 "이정후는 유인구를 그냥 잘 고르는 것이 아니라, 투수의 손에서 공이 떠난 후 빠르게 솎아내는 능력이 돋보인다"라며, 선수의 '눈'에 호평을 남기기도 했다. 자이언츠가 이정후와의 신속한 계약을 위해, 대면 미팅조차 요구하지 않은 상태에서 총액 1억 1,300만 달러라는 파격적인 액수를 제안한 것은 구단 내부의 극찬이 있었기에 가능했다. 자이언츠는 이정후에게 1번 타자 겸 중견수 역할을 기대하고 있다. 젊고, 빠르고, 운동신경 좋은 선수가 필요하다며 발굴 및 육성을 여러 차례 강조했던 자이디 사장의 작년 발언들을 생각해 보면, 이정후는 딱 들어맞는 선수이다.

우측 외야 펜스 높이는 무려 7미터 이상의 '벽'이며, 우중간 펜스는 빅리그 전체에서 가장 깊은 오라클 파크를 홈으로 쓰기에 좌타자인 홈런에서의 손해는 불가피할 것으로 보이지만, 샌프란시스코는 이정후에게 홈런을 기대하는 것이 아니다. 많은 경기에 결장 없이 뛰며, 매 타석 꾸준히 좋은 타격으로 팀 공격에 활로를 찾는 역할을 원하고 있기 때문이다. 자이디 사장이 "이치로 스즈키와 유사점이 많다"라며 추켜 세운 것도 이와 무관하지 않다. 어린 나이에 이미 자신의 스타일을 정립한 명석한 선수이지만, 숙제는 있다. 빅리그에 진출하는 모든 아시아 타자들에게 숙명처럼 따라붙는 패스트볼 대응이다. 더 빠르고, 더 많은 움직임을 갖는 메이저리그 속구를 의식해 2023 시즌을 앞두고 타격 폼을 바꿨다 시즌 중 원래 자세로 돌아간 바 있는 이정후는, 샌프란시스코 계약 후 인터뷰에서 타격폼 재수정 없이 원래 폼으로 일단 부딪혀보겠다는 뜻을 전했다. 이 폼이 얼마나 안착할 수 있을지 여부가 커리어 초반에 중요한 역할을 하게 될 것이다.

	경기	득점	안타	홈런	타점	도루	볼넷	타율	OPS	bWAR
2023	86	50	105	6	45	6	49	.318	.861	–
통산	884	581	1181	65	515	69	383	.340	.898	–

*한국프로야구(KBO) 기록

LOGAN WEBB

로건 웹

27세 | 선발투수 | 우투우타 | 185cm 99kg | 미국

62

지난 2021년 후반기부터 팔 각도를 조금 더 낮춰 던지기 시작하며 투심 패스트볼과 체인지업의 위력이 배가된 웹의 성장세가 계속되고 있다. 2023년 4월 중순, 샌프란시스코와 5년간 총액 9천만 달러에 연장 계약을 맺은 그는, 대형 계약 첫해부터 리그에서 가장 적은 9이닝당 볼넷 (1.3개)을 기록하는 효율적인 투구로 리그 최다 이닝 (216.0) 기록을 세웠고, 시즌 후 NL 사이영상 투표에서는 블레이크 스넬에 이은 2위로 '전국구 에이스'로 성장했음을 알렸다. 웹은 3시즌 연속 투심 비중을 높이며 재미를 보고 있지만, 그보다 더 큰 폭으로 구사율을 높인 구종은 체인지업을 들 수 있다. 지난 2021년 23.6% 구사 비율로 '제 3구종'이었던 체인지업은, 재작년 31.2%로 크게 증가했고, 지난해에는 자신의 구종 중 가장 많은 비중인 41.6% 구사율을 기록했다. 더 자주 던졌을 뿐 아니라, 체인지업으로 얻은 삼진이 3년 연속 큰 폭으로 증가(34▷69▷92)한 것은 고무적인 대목이다. 웹의 또 다른 가치는, 앞서 언급한 많은 이닝 소화 능력에 있다. 지난해 메이저리그 전체에서 200이닝 투수가 다섯 명에 불과했을 정도로, 최근엔 '짧고 굵게' 던지는 것으로 선발의 역할이 바뀌고 있지만, 웹은 '많이 던지는' 것에 자부심이 있다고 밝힐 정도로 이닝에 대한 애착이 크다. 지나칠 정도로 '관리 야구'를 추구했던 전 코칭 스태프 하에서도 메이저리그 전체에서 가장 많은 이닝을 던졌다면, 거의 정반대 성향을 가진 새 지도부 하에선 '원하는 만큼' 던지게 해줄 가능성도 크다. 타자가 타격을 결정하는 순간까지 같은 궤적으로 움직이다 마지막 순간에 상반된 구속과 궤적을 보이는 투심과 체인지업 조합과 제구가 건재하다면, 웹이 올해도 좋은 활약을 보일 가능성은 대단히 높다. 올해 스물일곱 살에 불과하다는 점, 그리고 최근 3시즌에 걸쳐 상승세가 뚜렷하다는 점 또한 밝은 미래를 예감케 한다. 2024 시즌 선발 로테이션에 많은 물음표가 붙어있는 샌프란시스코이지만, 5일 중 하루는 웹과 함께 '느낌표'를 기대할 수 있을 것이다.

	경기	승	패	이닝	ERA	탈삼진	QS	피안타율	WHIP	bWAR
2023	33	11	13	216.0	3.25	194	24	.248	1.07	5.5
통산	113	42	32	650.2	3.40	598	60	.248	1.17	14.0

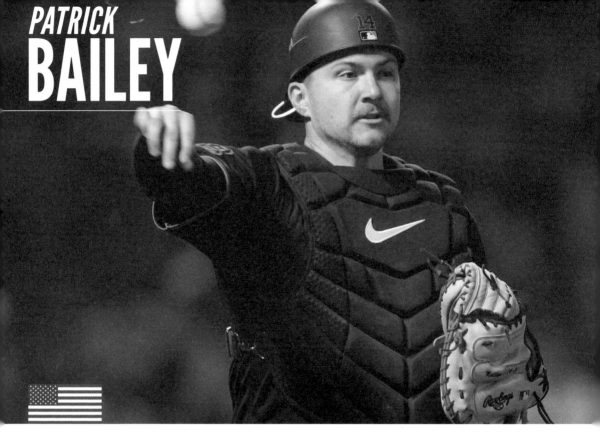

PATRICK BAILEY

패트릭 베일리

25세 | 포수 | 우투양타 | 183cm 95kg | 미국

14

버스터 포지의 후계자로 많은 기대를 모았던 유망주, 조이 바트가 공수 양면에서 부진을 보이며 뒷걸음질 치는 사이 '구세주'가 나타났다. 바트 지명 다음 해인 2020년 1라운드 전체 13순위로 뽑은 패트릭 베일리가 폭발적인 성장세로 빅리그 무대에 안착한 것이다. 2022년을 상위 싱글A에서 마감한 베일리는, 더블A와 트리플A를 14경기씩만 뛴 뒤 빅리그에 올라 곧장 두각을 나타냈다. 데뷔 첫 27경기에서 타율 .330, OPS .921을 기록하며 타격 능력을 보였는데, 이후에는 수비로 큰 주목을 받았다. 베일리는 지난해 프레이밍 런스에서 메이저리그 전체 포수 1위에 해당하는 +16을 기록했고, 공동 2위에 해당하는 1.87초의 팝 타임(2루 기준. 포수가 미트에서 공을 빼서 던진 송구가 베이스를 지키는 내야수 글러브에 들어가기까지 소요된 시간)과 함께 포수 평균 대비 도루저지 지표에서도 +6(ML 전체 공동 2위)의 호성적을 남겼다. 덕분에 단 97경기를 뛰고도, NL 포수 부문 골

드글러브 파이널 3인에 이름을 올릴 수 있었다. 기대 이상의 성적을 남긴 데뷔 시즌이었지만, 모든 것이 좋았던 것은 아니었다. 9월 들어 급격한 체력 저하로 고전하던 베일리는, 올 시즌을 앞둔 인터뷰에서 "작년 시즌 중에 몸무게가 7kg이나 줄었다"면서 빅리그의 어려움을 인정했다. 뇌진탕 부상까지 겪으며 시즌 막판 성적이 크게 떨어졌다는 것도 아쉬움이 남는 부분이다. 그가 어떤 유형의 선수로 자리 잡을지는 아직 알 수 없다. 입단 당시에는 장타력에서도 좋은 평가를 받았기에 타격 능력이 더 좋아질 여지도 있고, 스위치 히팅을 포기하고 좌타석에만 들어서는 방안도 고려했기 때문이다. 익명의 스카우트는 팔 각도를 바꿔가며 정확한 송구를 뿌리는 베일리가 포수의 역할을 재정의하고 있다는 극찬을 하기도 했다. 이 과정에서 '몰리나를 보는 것 같다'는 찬사가 나왔을 정도로, 수비에 대한 평가도 높다. 아직은 끝을 알 수 없지만, 어떤 형태로든 베일리가 자리를 잡는다면 샌프란시스코의 '포지 이후 포수 포지션 걱정'은 한동안 덜 수 있을 것이다.

	경기	득점	안타	홈런	타점	도루	볼넷	타율	OPS	bWAR
2023	97	29	76	7	48	1	21	.233	.644	0.8
통산	97	29	76	7	48	1	21	.233	.644	0.8

CAMILO DOVAL

카밀로 도발

26세 | 마무리투수 | 우투우타 | 188cm 83kg | 도미니카

75

16세 도미니카 소년이 빅리그 3년 차에 100마일 커터를 앞세워 올스타에 선정되고 리그 최다 기록인 39 세이브를 쓸어 담았다. 그렇게, 2023년은 샌프란시스코가 수년 전 무명의 투수 유망주에게 투자했던 10만 달러가 최고 수익률을 기록한 한 해였다. 카밀로 도발이 이렇게 특별한 마무리가 될 수 있었던 것은, 긴 팔을 이용해 낮은 팔 각도에서 공을 뿌리기에 타자가 체감하는 좌우 움직임이 매우 크기 때문이다. 도발 역시 이러한 점을 100% 활용하기 위해 제 1, 2구종 모두 '옆으로' 꺾이는 궤적인 슬라이더와 커터를 뿌리기에, 타자 입장에선 그 움직임을 쫓아가는 것이 쉽지 않다. 도발이 던지는 커터는 평균 99.8마일에 이를 정도로 구속 또한 일반적인 범위에서 크게 벗어난다. 지난해 선발과 불펜을 모두 합쳐 메이저리그 투수 가운데 도발보다 평균 커터 구속이 더 빠른 선수는 아무도 없었다. 구속에 먼저 눈이 가는 것은 사실이지만, 도발의 성장은 좌타자 상대 성적

에서 드러난다. 2022년엔 좌타자 상대 피안타율 .261, 피OPS .768로 불안한 모습을 노출했던 반면, 지난 해엔 피안타율 .174, 피OPS .588로 안정감이 크게 개선됐다. 물론, 몸에 맞는 공이 8개였고, 10개의 폭투와 세 차례의 보크 등 아직 세밀함이 부족한 부분들이 공존하기에 가다듬어야 할 점도 있다. 좋아졌다고는 하지만, 9이닝당 볼넷이 3.5개인 것도 마무리 투수로서 이상적인 숫자는 아니다. 하지만 올해 스물여섯으로 아직 어리다는 점. 그리고 '100마일 커터'를 기대할 수 있는 '낮은 쓰리쿼터 투수'라는 특이함 등은 이 선수를 주목해 봐야 할 이유이다. 공은 빠르지만 정작 성격은 느긋하고 차분해 "트랑낄로 카밀로(Tranquilo Camilo, 차분한 카밀로)'라는 별명을 갖고 있다는 점은 발전을 기대해 볼 수 있는 대목이다. 지난 2년 동안 도발보다 더 많은 이닝과 세이브를 기록했던 24~25세 투수는, 메이저리그 전체에서 엠마뉴엘 클라세가 유일했다(도발 2년간 135.1이닝 66세이브, 클라세 145.1이닝 86세이브).

	경기	승	패	세이브	이닝	ERA	탈삼진	피안타율	WHIP	bWAR
2023	69	6	6	39	67.2	2.93	87	.209	1.14	1.5
통산	166	17	13	69	162.1	2.77	204	.210	1.16	4.0

BLAKE SNELL

블레이크 스넬

31세 | 선발투수 | 좌투좌타 | 193cm 102kg | 미국

7

스토브리그 초반만 하더라도, 로테이션 강화를 원하는 팀이 많은 반면 양질의 선발 투수가 얼마 없어 스넬이 '수혜자'가 될 것이라는 전망이 많았다. 게다가 직전 시즌 최고의 활약으로 내셔널리그 사이영상을 수상한 것도 확신을 더하게 하는 요소였다. 하지만 스넬이 원했던 '뜨거운 쟁탈전'은 없었고, 장고 끝에 3월 중순이 되어서야 사실상 FA 재수를 택하며 샌프란시스코 입단에 합의했다. 2024 시즌을 마친 뒤 다시 자유계약 시장에 나갈 수도 있는, 옵트아웃 조항이 포함된 2년간 6,200만 달러 계약이었다. 스넬의 장점은 역시나 폭발적인 구위. 좌완 선발 투수로서 포심 패스트볼 평균 구속이 95.5마일이며, 피안타율 또한 .181에 불과했다. 특히, 메이저리그 평균 대비 10인치(25.4cm)나 더 꺾이는 커브는 헛스윙률 56.3%, 그리고 피안타율 7푼 9리라는 압도적인 성적을 냈다. 3시즌 연속으로 커브 구사율을 높이고 있는 데엔 다 이유가 있는 것이다. 문제는 제구 난조. 지난 3시즌간 '이닝당 투구수'가 18구를 넘

었고, 지난해 9이닝당 볼넷은 4.95개로 자신의 최근 7시즌 중 가장 좋지 못했다. 와일드 피치(13개) 또한 ML 전체 투수 가운데 세 번째로 많았는데, 최근 3시즌으로 범위를 넓혀도 여전히 이 부문 3위에 올라있다(26개). 투구 수가 늘면서 위기를 자초하니 마운드에서 오래 버틸 수가 없었는데, 지난해 32차례 선발 등판 중 7이닝 이상 던진 것은 단 세 번뿐이었다. 이쯤 되면 스넬은 타자 뿐만이 아니라, 자기 자신과도 싸우는 유형의 투수라고 봐도 무방할 것이다. 빅리그에서 8년을 뛰며 2회나 사이영상을 받았지만, 장기 다년계약을 맺지 못한 이유가 여기에 있다. 두 번의 사이영 시즌(2018년, 2023년)을 제외한다면 단 한 번도 130이닝 이상 던져본 적 없는 스넬을 향해, 의심의 눈초리를 보내는 구단들이 많다. 선발 투수의 이닝이 과거 대비 많이 줄어든 것은 사실이지만, 줄어든 이닝 속에서 스넬이 보여주는 '내용'에 대한 불만족이 크다. 그렇기에, 제구력에 기복이 크다는 문제점을 보완할 수 있다면, 스넬의 올 겨울은 작년보다 더 따뜻할 것이다.

	경기	승	패	이닝	ERA	탈삼진	QS	피안타율	WHIP	bWAR
2023	32	14	9	180.0	2.25	234	20	.181	1.19	6.2
통산	191	71	55	992.2	3.20	1223	79	.214	1.24	21.3

WILMER FLORES

윌머 플로레스

32세 | 내야수 | 우투우타 | 188cm 96kg | 베네수엘라

41

지난해 팀 내 최다 홈런 타자이자 유일한 20홈런 선수. 서른이 넘은 나이에도 지명 타자 외 1루, 3루, 경우에 따라 2루까지 맡는 등 여러 포지션을 오가는 탓에 버거울 만도 하지만, 어떤 상황에서도 기복 없는 타격을 보여주는 베테랑이다. 지난해 초구 타율 .412 (OPS 1.270)을 기록했고, 재작년 대타 성공률이 대단히 높았다는 점(18경기 14타수 6안타 타율 .429) 등을 통해 알 수 있는 것처럼 투수와의 '수 싸움'에 상당히 능한 타자이기도 하다. 상대 투수를 더욱 힘들게 만드는 것은, 이른 나이인 스물한 살에 데뷔해 벌써 11시즌째 메이저리그에서 뛰며 얻은 베테랑으로서의 노하우뿐 아니라 아닌 그가 가진 컨택 능력이다. 실제로 2023 시즌만 놓고 보더라도 헛스윙이 적기로는 상위 6%의 선수이고, 삼진률 역시 상위 7%에 해당될 정도로 삼진을 빼앗는 게 쉬운 타자가 아니다. 컨택과 선구안으로 버티고, 그러다 자신이 가장 좋아하는 빠른 공이 스트라이크존 안으로 몰렸을 때 장타를 때리는 스타일로, 지난해 패스트볼 1,050구를 상대해 타율 .308, 홈런 13개를 뽑아내기도 했다. 타격은 꾸준하지만 수비 위치는 조금씩 달라지는 가운데, 올해도 변화가 예상된다. 지난해에 이어 올해도 지명타자 기용이 유력했지만, 샌프란시스코가 2월 들어 호르헤 솔레어를 영입하며 모든 것이 달라졌다. 수비력이 크게 떨어지지만 힘이 좋은 솔레어의 장타를 활용하기 위해선 지명타자 자리를 내주어야 하는 상황인데, 현재로선 좌타자이자 1루수인 라몬트 웨이드 주니어와 플래툰을 이루는 것이 유력하며, 상황에 따라 3루수로도 기용될 수 있다. '팬그래프'는 플로레스의 시즌 성적을 109경기 16홈런 wRC+ 111로 예측하고 있다. 선수 입장에선 작년 성적(wRC+ 136) 대비 아쉬울 순 있지만, 잠재적 1루수 플래툰 파트너인 웨이드 주니어 또한 16홈런 예측을 부여받은 터라, 구단 입장에선 '합계 32홈런 플래툰'이 나올 수 있다면 더 바랄 게 없을 것이다.

	경기	득점	안타	홈런	타점	도루	볼넷	타율	OPS	bWAR
2023	126	51	115	23	60	0	41	.284	.864	2.6
통산	1141	455	962	149	506	5	274	.264	.760	9.7

LAMONTE WADE JR.

라몬트 웨이드 주니어

30세 | 1루수·외야수 | 좌투좌타 | 185cm 92kg | 미국

31

늦깎이 유망주 라몬트 웨이드 주니어가 마지막 20대 시즌에서 '반등'에 성공했다. 밤이 깊어지고 경기 막판으로 가면, 결정적인 한방을 날린다고 해서 '레이트 나이트 라몬트'이라는 멋진 별명을 얻은 2021 시즌만큼의 임팩트는 없었지만, 고질적인 무릎 부상 없이 한 번도 IL에 오르지 않은 채 리그에서 여덟 번째로 높은 출루율(.373)을 기록한 것은 실속 있는 성과였다. 특히, 샌프란시스코의 1번 타자 고민을 지워주기에 충분한 활약이었는데, 웨이드 주니어는 '1번 타자로 90경기 이상 출전한 2023시즌 메이저리그 전체 타자' 가운데 여섯 번째로 출루율이 높은 타자이기도 했다. 풀타임 1루수로 포지션 전환 후 첫 시즌에서 우려와는 달리 크게 나쁘지 않은 수비를 보여준 것도 소득이었다. 포지션은 바뀌지 않겠지만, 역할과 타순에선 변화가 예상된다. 앞서 플로레스의 시즌 전망에서 얘기했던 것처럼, 풀타임 지명타자 솔레어가 오면서 포지션을 찾아야 하는데, 그 자리가 웨이드 주니어와의 '1루 포지션 공유'가 될 가능성이 크기 때문이다. 또한 붙박이 1번 타자로 활약할 이정후가 가세하면서, 웨이드 주니어는 중심 타선, 그 중에서도 3번 타순 기용이 가장 유력하게 점쳐지고 있다. 통산 선발 1번 타순 출전 경험은 197경기인 것에 비해, 선발 3, 4, 5번 타순 경험은 31경기밖에 되지 않는 그에겐 2024년이 또 한 번 '도전의 해'가 되는 것이다. 이러한 보직 변화는 타격 어프로치에도 변화가 온다는 것을 뜻한다. 타석당 보는 투구 수가 통산 4.04구로, 원래 신중하게 공을 치는 유형의 선수이긴 하지만 이는 주로 1번 타자로 나서야 했던 그가 '참고 또 참으며' 출루를 우선으로 하는 타격 스타일을 보였을 때의 일이다. 타자들이 '타순에 맞는 야구'를 한다는 점을 놓고 볼 때, 어느 때보다 적극적으로 '덤벼드는' 타격을 보일 가능성도 있다. 만일, 패스트볼 상대 강점을 회복한 지난해(패스트볼 1,202구 상대 타율 .286, 홈런 13개) 모습을 유지할 수 있다면, 솔레어와 함께 기대 이상의 장타력을 보여줄 수도 있을 것이다.

	경기	득점	안타	홈런	타점	도루	볼넷	타율	OPS	bWAR
2023	135	64	110	17	45	2	76	.256	.790	2.7
통산	363	158	260	45	133	10	150	.241	.762	3.8

KYLE HARRISON

카일 해리슨

22세 | 선발투수 | 좌투우타 | 188cm 90kg | 미국

45

대학 진학이 예정되어 있던 고졸 투수를 드래프트 3라운드에 지명한 뒤 슬롯 머니의 4배 가까운 250만 달러 계약금으로 마음을 돌리게 한 자이언츠의 선택은 옳았다. 고졸 투수가 지명 3년 만에 빅리그 무대까지 밟은 것이다. 트리플A에서 20차례 선발로 나서 9이닝당 평균 볼넷이 6.58개에 달하며 제구력에 대한 우려가 있었지만, 그가 뛴 리그는 로봇 심판이 처음 도입되어 모든 투수들이 애를 먹은 PCL(Pacific Coast League)이었다는 점을 감안해야 할 것이다. 로봇 심판을 겪은 이들은 모두 '보더라인 피치를 잘 잡아주지 않는다'면서 존이 너무 좁다는 피드백을 남겨오던 터였다. 그리고 다시 '사람'이 판정을 하는 메이저리그 무대를 밟았을 때, 해리슨은 오히려 훨씬 안정된 제구를 보여주었다(9이닝당 볼넷 2.86개). 해리슨의 강점은 역시 폭발적인 구위. 데뷔전에서도 3.1이닝 투구에 그쳤지만 헛스윙 유도를 열 차례나 기록했던 그는, 통산 두 번째 경기에서 곧장 11개의 삼진을 쓸어 담았고 시즌 마지막 경기에선 다저스를 상대로 5이닝 동안 노히터로 틀어막으며 '유종의 미'까지 거뒀다. 2024 시즌 전 유망주 전문 매체 베이스볼 아메리카가 팀 내 1위 유망주로 꼽고, 디애슬레틱의 키쓰 로가 투수 유망주 전체 2위이자 좌완 1위로 선택한 것도 그런 폭발력 때문이었다. 낮은 쓰리쿼터 투구 폼에서 나오는 빠른 공과 슬라이더는 이미 검증이 끝났다는 평가 속에, 체인지업 등 제3구종 안착 및 커맨드 개선 정도에 따라 더 큰 투수로의 성장 여부가 판가름 날 것이다. 샌프란시스코가 해리슨에게 거는 기대는 각별하다. 에이스로 성장한 웹을 제외하면, 직접 드래프트로 뽑은 이들 중 자이언츠 유니폼을 입고 빅리그에서 10차례 이상 선발 등판한 가장 최근 사례가 2018년 앤드류 수아레즈(2021년 LG 트윈스 소속)였을 정도로 '자체 육성 투수' 기근이 길어지고 있어 더욱 그렇다. 해리슨이 올해 한 단계 성장한 모습을 보여준다면, 자이언츠는 웹과 함께 강력한 '원투 펀치'를 구성하게 될 것이다.

	경기	승	패	이닝	ERA	탈삼진	QS	피안타율	WHIP	bWAR
2023	7	1	1	34.2	4.15	35	1	.221	1.15	0.2
통산	7	1	1	34.2	4.15	35	1	.221	1.15	0.2

JORGE SOLER

호르헤 솔레어

32세 | 지명타자·외야수 | 우투우타 | 193cm 106kg | 쿠바

2

마이애미에 집이 있는 학부모 솔레어는 동부 지역 팀을 선호하는 성향이 뚜렷했다. 이에 샌프란시스코 구단은 영입이 쉽지 않겠다는 생각을 했지만, 2월에 접어들며 대화에 속도가 붙기 시작했다. 여기에는 솔레어의 절친한 친구이자 자이언츠 소속 선수인 플로레스와 에스트라다가 화상 미팅에 참석해 '지원 사격'을 한 것이 결정적 역할을 했다. 좀처럼 3년 이상의 계약을 맺지 않으려 하는 샌프란시스코가 예외적인 결정을 내린 것은 우타자 홈런 파워가 '실종'에 가까울 정도로 심각한 위기를 겪은 팀 사정 탓이다. 샌프란시스코는 지난해 우타자 팀 홈런이 87개에 불과해 전체 25위에 그쳤고, NL 서부지구 팀들 가운데선 최하위였다. 이 부문 전체 1위인 애틀랜타 브레이브스(181개)와는 94개나 차이가 났을 정도로 리그 최정상 팀과 격차가 현격했다. 샌프란시스코 우타자가 시즌 30홈런을 기록한 마지막 시즌이 2002년 제프 켄트(37개)였던 점을 생각해 보면, 우타 거포 기근이 얼마나 길고 지독했는지 쉽

게 확인할 수 있다. 솔레어의 장점은 역시나 '파워'. 잔부상이 있지만, 건강했던 지난 해엔 36개의 홈런을 기록했고 배럴 타구 비율 역시 상위 9%에 들었을 정도로, 컨택만 된다면 꾸준한 정타를 기대할 수 있는 자원이다. 여기에 이미지와는 달리 볼넷 비율도 높은 편(타자 상위 17%)이며, 패스트볼에 특히 강한 점도 매력적이다. 최근 3시즌 동안 속구를 통해서 기록한 홈런이 50개나 됐다. 홈런을 때린 후 타구를 응시하며 아무렇지 않게 상대를 자극하곤 하고, 선수단의 투지를 불러일으키는 좋은 동료라는 점도 '불꽃'이 부족했던 샌프란시스코에게 딱 맞는 유형이라는 평가를 받는다. 최근 5년 중 130경기 이상 뛴 세 시즌(2019, 2021, 2023)에선 도합 111개의 홈런을 때렸을 정도로 건강을 유지할 수 있다면 좋은 활약을 기대해볼 수 있다. 솔레어는 최근 3시즌 동안 코로나 바이러스 감염(2021년), 골반(2022년), 허리(2022년), 복사근(2023년) 부상 등으로 IL에 오른 바 있다는 점이 변수다.

	경기	득점	안타	홈런	타점	도루	볼넷	타율	OPS	bWAR
2023	137	77	126	36	75	1	66	.250	.853	1.8
통산	870	416	736	170	452	11	365	.243	.797	5.9

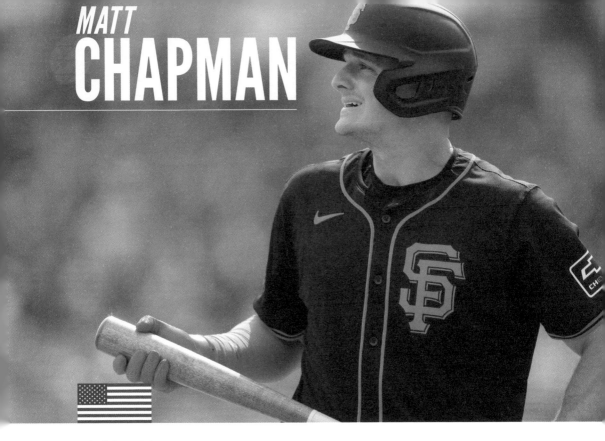

MATT CHAPMAN

맷 채프먼

31세 | 3루수 | 우투우타 | 183cm 97kg | 미국

26

매년 20홈런과 골드글러브급 수비를 기대할 수 있는 선수였지만, 하필 FA 직전 시즌이었던 2023년에 부침을 겪었다. 손가락 부상으로 풀타임 데뷔 이래 가장 적은 140경기 출전에 그쳤고, 복귀 후 마지막 15경기에선 타율 .167로 생산력마저 크게 떨어졌다. 왼발을 비교적 높게 드는 '레그킥'을 버리고, 발끝을 살짝 찍고 곧바로 타격으로 들어가는 '토탭' 폼이 효과를 나타내며 시즌 첫 50경기에서 타율 .295, OPS .877로 맹활약했던 것에 비하면 아쉬운 마무리였다. 부상과 부진, 다소 많은 나이, 게다가 퀄리파잉 오퍼를 거절하고 FA 시장에 나온 터라 영입 구단의 드래프트 지명권 손실을 가져온다는 점 등의 이유로 3월에야 행선지를 정할 수 있었지만, 그가 보여온 꾸준함은 샌프란시스코에 큰 도움이 될 것이다. 지난해 ML 전체에서 가장 많은 실책(117개)을 기록한 자이언츠는, 3루 포지션에서 네 번째로 많은 22개의 에러를 범했다. 그렇기에 네 차례 골드글러브를 수상했고, 플래티넘 글러브도 두 번이나 받았던 채프먼의 합류는, 땅볼 유도율이 유독 높은 투수진이 특히 반길 영입이다. 관건은 타격이다. 지난해 배럴타구 비율이 상위 2%에 들었을 정도로 '일단 컨택이 된 타구'의 질은 좋았지만 헛스윙이 증가하고 변화구 대응 타율이 .184에 그친 점은 아쉽다. 부상에서 돌아온 이후 성적이 좋지 않았지만, 다치기 이전 75경기에서 이미 타율 .215, 홈런은 여덟개에 그쳤고 삼진은 93차례나 당하고 있었다는 점은 우려를 자아내는 부분이다. 그가 토 탭 타격 폼을 도입한 것도 바로 컨택 문제와 쌓여가는 삼진을 해결하기 위함이었는데, 시즌 후반으로 갈수록 효과가 미미했던 것이다. 오클랜드에서 합을 맞췄던 밥 멜빈 감독과의 재회는 반갑지만, 채프먼에겐 그보다 자신의 가치 증명이 절실한 시간이다. 자이언츠와의 이번 계약은 최대 4년 딜이 될 수도 있지만, 매 시즌 옵션이 있을 정도로 그는 다시 FA 시장에 나갈 수 있는 여지를 남겨놓았다. '독종'으로 잘 알려진 채프먼의 더 독한 야구가 우리를 기다린다.

타자	경기	득점	안타	홈런	타점	도루	볼넷	타율	OPS	bWAR
2023	140	66	122	17	54	4	62	.240	.755	4.4
통산	868	487	754	155	426	11	381	.240	.790	31.2

8 MICHAEL CONFORTO

5 MIKE YASTRZEMSKI

마이클 콘포토

31세 | 외야수 | 우투좌타 | 185cm 97kg | 미국

오른쪽 어깨 수술을 받으며 2022년을 통째로 날렸던 콘포토의 재기는 희망보다는 아쉬움이 더 크게 남았다. 수술 직전 시즌이었던 2021년과 데칼코마니처럼 흡사한 성적을 올렸으나, 문제는 그 2년 전 시즌 성적도 미지근(2021년 wRC+ 104, 2023년 100)했다는 점에 있다. 또한, 8월 말 햄스트링 부상으로 20경기를 결장하며 '인저리 프론' 꼬리표를 떼지 못했고, 복귀 이후에도 14경기 타율 .111, OPS .417로 페이스가 크게 꺾인 것도 아쉬운 부분이다. 이 같은 아쉬움 속에, 본인의 계약 조항 속 옵트 아웃이 아닌 옵트 '인'을 택하며 FA 재수에 나서는 콘포토는 또 한 번 중요한 시즌을 맞이한다. 31세 시즌을 맞이하는 그가 마지막으로 처음이자 마지막으로 30홈런을 넘어선 것은 어느새 5년 전의 일이 되었고, 유일한 올스타 선정은 2017년이기에 과거형의 선수가 되지 않으려면 확실한 인상을 심어주며 FA 시장에 다시 나갈 수 있어야 한다.

마이크 야스트렘스키

33세 | 외야수 | 좌투좌타 | 178cm 80kg | 미국

오르는 몸값 대비 기량과 건강이 하향세를 그리고 있어 커리어의 '기로'에 놓여 있다. 파르한 자이디 구단 운영 부문 사장 특유의 '저평가 우량주 찾기'의 대표적 성공 사례로 이적 후 첫 3시즌 간 300경기 56홈런 OPS .836으로 활약했지만, 최근 2년간은 부진과 부상이 겹치고 있기 때문이다. 특히 작년엔 왼쪽 햄스트링 부상으로 부상자 명단에 오른 것만 세 차례였다. 올해 33세가 되는 우익수에겐 달갑지 않은 경험이다. 건강 유지만큼이나 중요한 것은 변화구 약점 개선. 최근 3년간 변화구 상대 타율이 모두 1할대였을 정도로 약점이 뚜렷하다는 점은 고민스럽다. 지난해 샌프란시스코에서 신인 자격을 유지한 채 5경기 이상 출전한 외야수의 수만 해도 여섯 명이나 되었기에 야스트렘스키에겐 여유 부릴 수 있는 틈이 없다. 다만, 부지런히 달려야 하는 중견수가 아닌 우익수를 맡을 것이라는 점. 그리고 중심 타선이 아닌 하위 타순 기용이 유력하다는 점은 부담을 덜어낼 수 있는 요인이다.

콘포토	경기	득점	안타	홈런	타점	도루	볼넷	타율	OPS	bWAR
2023	125	58	97	15	58	4	53	.239	.718	0.7
통산	882	458	747	147	454	22	414	.253	.810	16.3

야스트렘스키	경기	득점	안타	홈런	타점	도루	볼넷	타율	OPS	bWAR
2023	106	54	77	15	43	2	45	.233	.775	2.4
통산	554	305	444	88	261	15	219	.241	.788	11.9

37 MARCO LUCIANO

19 TOM MURPHY

마르코 루시아노

22세 | 유격수 | 우투우타 | 185cm 80kg | 도미니카

전국구 유망주로서 탄탄한 입지를 갖고 있었지만, 허리 부상이 장기화되고 햄스트링 문제까지 겹치며 아쉬움이 남는 한 해를 보냈다. 그럼에도 팀 내 정상급 유망주들을 공격적으로 콜업시킨 구단 방침 덕에 빅리그를 밟은 루시아노는, 커리어 두 번째 경기에서 데뷔 첫 안타를 터뜨리고 그 다음날 2루타를 터뜨리며 잠재력의 '미리보기'를 선사했다. 우려와 기대가 공존하는 가운데, 루시아노가 '일단' 주전 유격수로 뛸 가능성은 높다. 구단 역사상 가장 성공적인 유격수 중 한 명이었던 브랜든 크로포드와 재계약하지 않은 데다 자이디 구단 운영 부문 사장도 일찌감치 주전 기회를 줄 것임을 꾸준히 드러냈기 때문이다. 시즌 막판 99마일 강속구를 밀어 쳐서 2루타를 뽑아내며 '눈도장'을 받은 루시아노가 메이저리그 투수들이 던지는 수준 높은 변화구를 감당해낼 수 있게 된다면, 그는 별다른 경쟁 없이도 주전 자리를 쉽게 따낼 수 있을 것이다. 다른 누군가가 아닌, 자신과의 싸움이 그 앞에 놓여 있다.

톰 머피

33세 | 포수 | 우투우타 | 185cm 93kg | 미국

톰 머피를 문장 하나로 요약하면 '주전 포수로 기용하자니 부상이 너무 잦고, 백업으로 쓰자니 아까운 선수'가 아닐까 한다. 2019년 커리어 하이 시즌을 기록했지만, 이듬해에 발 골절로 시즌을 통째로 날린 뒤 굵직한 부상에 계속 신음하고 있다 (2022년 어깨, 2023년 왼쪽 엄지손가락). 그럼에도 샌프란시스코가 2+1년 계약으로 붙잡아야 했을 정도로 머피를 향한 시장의 관심은 뜨거웠는데, 투수 친화적 구장이었던 시애틀 매리너스 홈에서 OPS .784로 폭발력을 보인 포수였기 때문이다. 스윙 밸런스를 꾸준히 유지하기 위해 특수 조끼를 착용하고 훈련을 하는 '학구파 선수'라는 점 역시 동료들에게 긍정적인 영향을 줄 수 있는 부분이다. 주된 역할은 백업이지만, 주전이자 스위치 히터인 베일리가 2년 차 부진에 빠진다면 역할이 확대될 수 있다. 지난해 머피는 '패스트볼 상대 하드 히트 비율'에서 J.T. 리얼무토, 윌 스미스 같은 최정상급 공격력을 갖춘 포수보다 더 높은 비율을 기록했다.

루시아노	경기	득점	안타	홈런	타점	도루	볼넷	타율	OPS	bWAR
2023	14	4	9	0	0	1	6	.231	.641	0.1
통산	14	4	9	0	0	1	6	.231	.641	0.1

머피	경기	득점	안타	홈런	타점	도루	볼넷	타율	OPS	bWAR
2023	47	19	42	8	17	0	10	.290	.873	1.2
통산	314	114	222	48	126	3	90	.244	.769	5.2

조던 힉스

27세 | 선발투수 | 우투우타 | 188cm 99kg | 미국

자신의 '평생의 꿈'이라 표현한 메이저리그 선발투수 보직을 위한 조던 힉스의 도전이 다시 시작된다. 지난 2022년 개막을 앞두고 세인트루이스 카디널스의 로테이션 자리를 따낸 적은 있었지만, 당시 직전 3시즌 투구 이닝이 도합 40이닝도 채 되지 않은 상태에서 다소 갑작스러운 보직 변경이었기에 결과는 좋지 못했다. 평균 구속 100마일의 싱커 외에 지난해엔 스위퍼까지 장착했다. 원래 던지던 슬라이더의 구위도 좋았지만, 힉스의 스위퍼는 ML 전체에서 헛스윙률이 가장 높은 특정 구종 3위(59.5%)에 올랐을 정도로 특별한 구위를 보였다. 구속뿐 아니라, 옆으로 꺾이는 궤적 역시 평균을 크게 웃도는 12.4인치(약 31.5cm)에 이를 정도로 움직임도 좋았다. 구위는 진작에 검증되었지만, '선발투수 버전 힉스'가 어떨지는 시간이 답을 줄 것이다. 자이디 구단 운영 부문 사장은 힉스를 선발 겸 불펜이 아닌 '풀타임 선발투수'로 보고 영입했다고 밝혔을 정도로 큰 기대를 걸고 있다.

타일러 로저스

33세 | 불펜투수 | 우투우타 | 190cm 82kg | 미국

과거 김병현을 연상케 하는 잠수함 투수. 싱커의 평균 구속이 어지간한 투수 변화구보다 느린 82.8마일에 불과하지만, 지난해 575구를 던지는 동안 2루타 이상의 장타 허용이 열 한차례밖에 되지 않았을 정도로 '의외의 안정감'을 보여준다. 위태로워 보이는 구속으로 꾸준히 활약할 수 있었던 것은, 높게 들어가는 변화구는 위험하다는 통념 속에서 찾은 '역발상' 덕분이다. 아무리 낮게 던지려 해도 계속 높게 치솟기만 하는 슬라이더의 궤적을 연구하다 '가고 싶은 곳으로 가게 내버려 두자'는 생각으로 구사하기 시작하자 타자들의 배트가 헛돌기 시작한 것. 일반적으로, 공이 솟구쳐오르는 듯한 착각을 주는 패스트볼과 낮게 떨어지는 변화구 조합에 익숙한 타자들은, 그 반대로 낮게 꺾이는 싱커와 그보다 오히려 높게 들어가는 슬라이더에 낯섦을 느끼고 있는 것이다. 지난 3년간 메이저리그 전체 불펜 투수를 통틀어 타일러 로저스(230.2이닝)보다 많은 이닝을 던진 선수는 아무도 없다.

힉스	경기	승	패	세이브	이닝	ERA	탈삼진	피안타율	WHIP	bWAR
2023	65	3	9	12	65.2	3.29	81	.231	1.36	0.8
통산	212	11	21	32	243.1	3.85	255	.207	1.30	1.6

로저스	경기	승	패	홀드	이닝	ERA	탈삼진	피안타율	WHIP	bWAR
2023	68	4	5	30	74.0	3.04	60	.236	1.15	1.7
통산	262	19	13	90	276.1	2.96	207	.244	1.16	6.1

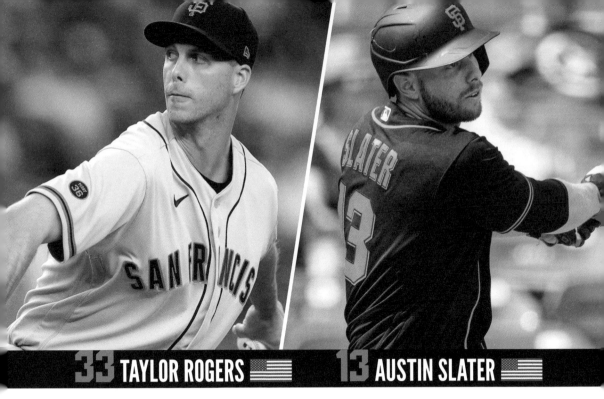

테일러 로저스

33세 | 불펜투수 | 좌투좌타 | 190cm 86kg | 미국

잠수함 투수 타일러 로저스의 쌍둥이 형. 외모부터 체형까지 모두 똑같지만, '형 로저스'는 동생과 달리 좌완 투수이며, 공을 아래에서 위가 아닌 위에서 아래로 던지는 정통파 스타일이다. 2023 시즌을 앞두고 샌프란시스코에 입단했을 때 고른 등번호가 17번인 이유도, 동생의 번호 (71)와 정반대라 선택했다고 밝힌 바 있다. 사람으로서는 세상 누구보다 가까운 '형제'이지만, 선수로서는 극과 극이라 해도 무방하다. 스타일은 다르지만, 형의 안정감 역시 동생 못지않았다. 입단 첫 5경기에서 3.1이닝 7실점의 극심한 부진을 보였지만, 이후 55경기 동안 48.1이닝 평균자책점 2.79로 반등에 성공했다. 전년 대비 구속이 소폭 떨어졌지만, 느릿한 폼인 것처럼 보이다 글러브에서 손을 뺀 이후 릴리즈 포인트에 도달하기까지 동작이 굉장히 빠르게 이루어지는, 타자의 타이밍을 빼앗는 특유의 투구 폼과 리그 평균 대비 더 좋은 스위퍼의 낙폭은 여전했다.

오스틴 슬레이터

31세 | 외야수 | 우투우타 | 185cm 92kg | 미국

주전과 백업 사이 그 어딘가에 머무는 사이, 자이언츠 유니폼을 입고 8년 차 시즌을 맞이하게 됐다. 지난해 우완투수를 상대로 고전(OPS .619)했지만, 좌완을 만났을 때는 훨씬 생산적인 모습(OPS .800)을 보이며 나름의 역할을 찾은 것은 소득이었다. 올 시즌이 끝나면 FA 자격을 얻게 되는데, 주전 선수의 이탈 없이는 큰 기회를 받기 어려운 '제4 외야수'의 한계 속에서 역량을 증명하는 것이 중요한 해이다. 출전 기회가 많진 않지만, 유인구에 잘 속지 않고 밀어 쳐서도 장타를 기대할 수 있는 능력은 돋보인다. 하드 히트 비율 또한 최근 4년 새 가장 좋은 46.5%로, 취약했던 변화구 상대 성적이 좋아진 덕이었다. 이정후의 샌프란시스코 입단식이 있던 날, 당시 실내 훈련장에서 훈련을 하고 있던 관계로 누구보다 먼저 '바람의 손자'와 통성명을 한 선수이며, 스프링 트레이닝 라커룸도 바로 옆이기에 '절친'으로 한국 팬들에게 이름을 알릴 수 있는 기회를 잡았다.

로저스	경기	승	패	홀드	이닝	ERA	탈삼진	피안타율	WHIP	bWAR
2023	60	6	4	12	51.2	3.83	64	.211	1.24	0.4
통산	445	27	30	93	430.2	3.47	509	.237	1.17	6.2

슬레이터	경기	득점	안타	홈런	타점	도루	볼넷	타율	OPS	bWAR
2023	89	24	50	5	20	2	20	.270	.748	0.7
통산	550	186	336	38	153	45	154	.257	.747	4.6

29 LUIS MATOS

67 KEATON WINN

루이스 마토스

22세 | 외야수 | 우투우타 | 180cm 72kg | 베네수엘라

마이너리그 타격 인스트럭터로 있다 올해 자이언츠 코칭 스태프에 합류한 팻 버렐은, 지난 해 언론 인터뷰에서 마토스의 잠재력을 가리켜 "선수들도 부러워하는 재능"이라고 극찬한 바 있다. 컨택과 파워, 주력 등을 두루 갖춘 외야수라는 점에서 높은 평가와 함께 팀 내 간판 유망주 중한 명으로 성장할 수 있었던 배경이다. 2023년에만 3개 레벨(더블A, 트리플A, 빅리그)을 겪은 만큼 '압축 성장'에 따른 후유증도 있었다. 기대만큼의 많은 홈런, 혹은 고타율을 기록하진 못했고 변화구에도 약점을 드러낸 것. 하지만 스물 한 살의 나이에 빅리그에 데뷔한 것은 그 자체로 소득이다. 특히, 어린 선수들이 가장 적응하기 어려워하는 메이저리그의 오프스피드 구종(체인지업) 상대로 타율 .310, 높지 않은 헛스윙률(12.7%)로 컨택 능력을 보였다는 점은 고무적이다. 주전 중견수 자리는 이정후에게 내주게 되었지만, 외야 3개 포지션을 모두 소화할 수 있기에 활용도는 여전히 높다.

키튼 윈

26세 | 선발투수 | 우투우타 | 193cm 107kg | 미국

중간 계투로 메이저리그 데뷔전을 치렀지만, 시즌 마지막 6경기에서 다섯 차례 선발 등판한 것에서 '미래 보직'을 알 수 있는 선수. 마이너리그에서도 최근 2시즌 44경기에서 불펜을 경험한 것은 다섯 경기에 불과했다. 마이너리그 시즌 전체가 취소된 2020년에 이어 2021년엔 토미 존 수술로 '실전 경기'를 한참 동안 뛰지 못했지만, 2022년 마이너 3개 레벨을 거치고, 작년에는 트리플A와 메이저리그 무대까지 오르며 가파른 상승세를 그리고 있다. 90마일 중반대의 패스트볼에 낙차 큰 스플리터를 주무기로, 스트라이크 존의 상하를 활용하는 투수로, 만일 슬라이더와 같은 제3구종 안착에 성공한다면 선발진에 큰 보탬이 될 수 있다. 로봇 심판이 스트라이크 판정을 했던 2023년 트리플A PCL에서 고전하긴 했지만, 이전까지 제구에서도 높은 점수를 받았던 점 역시 참고할만 하다. 다만, 작년 시즌 중 팔꿈치 통증으로 결장했고, 올해도 스프링 트레이닝 초반 같은 증세가 있었던 것은 우려스럽다.

마토스	경기	득점	안타	홈런	타점	도루	볼넷	타율	OPS	bWAR
2023	76	24	57	2	14	6	28	.263	.734	-0.4
통산	76	24	57	2	14	6	28	.263	.734	-0.4

윈	경기	승	패	이닝	ERA	탈삼진	QS	피안타율	WHIP	bWAR
2023	9	1	3	42.1	4.68	35	2	.231	1.04	0.3
통산	9	1	3	42.1	4.68	35	2	.231	1.04	0.3

39 THAIRO ESTRADA   **77 LUKE JACKSON**

타이로 에스트라다

28세 | 내야수 | 우투우타 | 178cm 83kg | 베네수엘라

샌프란시스코 이적 3년 차인 지난해 수비에서 큰 발전을
일궜다. 포지션 불문 필딩 런 밸류(Fielding Run Value)
에서 전체 공동 5위(+14)에 오른 것인데, 평균 보다 얼
마나 많은 아웃을 추가했는지 말하는 OAA(Outs Above
Average) 지표에서도 전체 2위(+19)였을 정도로 탁월한
수비력을 보여주었다. 2루수가 메인 포지션이긴 하지만,
유사시엔 유격수 및 외야수 병행이 가능하다는 점도 매
력적이다. 타격에서도 일발 장타가 있고, 지난해 개막 이
후 첫 50경기 동안 한 번도 시즌 타율이 3할 밑으로 떨어
지지 않았을 정도로 '좋은 타격 싸이클을 오래 끌고 갈 수
있는' 잠재력을 보여주기도 했다. 문제는 변화구 대응 능
력. 지난해 기록한 14홈런 중 가장 많은 지분이 변화구를
상대로 나왔다는 점은 소득일 수 있겠지만, 브레이킹볼
상대 타율이 .197로 '모 아니면 도'에 가까웠고, 헛스윙률
도 35.8%로 너무 높았다는 점은 분명 개선이 필요한 대
목이다.

루크 잭슨

32세 | 불펜투수 | 우투우타 | 188cm 95kg | 미국

팔꿈치 인대 수술로 인해 팀 합류가 늦어질 것 감안하고
루크 잭슨과 2+1년 계약을 맺은 자이언츠의 선택은 옳
았다. 9월 6일 (한국 시각), 시카고 컵스 전에서 0.2이닝
4실점으로 난타당하기 이전까지 잭슨의 시즌 평균 자책
점은 2.08에 불과했을 정도로 안정적이었고, 필요에 따
라 아웃 카운트 3개 이상을 소화하며 불펜진의 '허리' 역
할을 다했다. 지난해 기준 메이저리그 평균 대비 6.5인치
(약 17cm) 더 꺾이며 떨어지는 슬라이더는 피안타율이 2
할에 그칠 정도로 효과적이었다. 이는 300회 이상 구사한
메이저리그 전체 투수 중 팀 동료이자 지난해 NL 사이영
상 투표 2위에 오른 선발 투수 로건 웹(.208)보다 더 좋은
기록이었다. 패스트볼보다 훨씬 많은 비율로 던지는 이
슬라이더(69.9%)의 위력이 유지된다면, 올해도 자이언츠
불펜에서 탄탄한 허리 역할을 해줄 것으로 기대된다. 올
시즌이 끝나면 2025 시즌 700만 달러 팀 옵션이 있으며,
바이아웃은 200만 달러이다.

에스트라다	경기	득점	안타	홈런	타점	도루	볼넷	타율	OPS	bWAR
2023	120	63	134	14	49	23	22	.271	.731	2.3
통산	373	173	318	39	148	50	68	.262	.725	4.8

잭슨	경기	승	패	홀드	이닝	ERA	탈삼진	피안타율	WHIP	bWAR
2023	33	2	2	4	33.1	2.97	43	.206	1.23	0.6
통산	286	18	8	49	305.1	4.10	327	.261	1.45	2.7

74 RYAN WALKER 🇺🇸

라이언 워커

28세 | 불펜투수 | 우투우타 | 188cm 90kg | 미국

지난 2018년 드래프트에서 전체 916번째 지명을 받았고, 계약금도 2,500만 달러에 불과했던 무명의 불펜 투수가 메이저리그 데뷔 첫해에 핵심 불펜으로 자리 잡을 확률은 얼마나 될까. 그 어려운 일을, 지난 2020 마이너리그 시즌 취소 때 열쇠 수리공으로 일하며 생계를 이어갔던 라이언 워커가 해냈다. 샌프란시스코 불펜의 자물쇠 역할을 했던 워커의 주무기는 헤비 싱커. 지난해 535차례 구사한 싱커가 담장을 넘어간 경우는 단 한 번뿐이었고, 이와 짝을 이루는 슬라이더의 헛스윙률은 41.9%에 달했다. 지난해 슬라이더를 500차례 이상 던진 메이저리그 전체 투수 가운데, 워커보다 더 높은 헛스윙률을 기록한 투수는 일곱 명뿐이었다. 2이닝 이상 투구 경기도 열 차례나 된다. 타자에게 등을 보여주다시피 하는 독특한 폼에서 시작되는 딜리버리가 2년 차인 올해도 통할지는 좀 더 지켜봐야겠지만, 언제 봐도 즐거운 '인간 승리' 드라마를 보는 것은 그 자체로 즐거운 일이다.

64 SEAN HJELLE 🇺🇸

션 젤리

27세 | 불펜투수 | 우투우타 | 211cm 103kg | 미국

역대 최장신 투수인 '6피트 11인치(211cm)' 젤리의 ML 2년 차 시즌 평균 자책점은 그 키만큼 치솟으며 끝이 났다. 4월 한달간 9경기에서 14실점(10자책) 하며 좋지 못한 출발을 한 것이 결정적이었다. 이후 메이저리그와 마이너리그를 오갔지만, 그래도 9월 확장 로스터 이후 마지막 3경기에서 7이닝 동안 실점 없이 끝맺음을 한 것은 다행인 일이었다. 젤리의 커리어는 기로에 놓여 있다. 프로 데뷔 2년 차인 2019년, 더블A까지 승격하며 빠른 적응을 기대하게 했지만, 이후엔 마이너리그와 빅리그 모두 부진한 모습이다. 가장 큰 문제는 땅볼 유도라는 본연의 역할을 전혀 하지 못하며 장타를 허용하고 있는 싱커의 커맨드. 지난해 싱커가 본인 구종 사용률의 50% 이상인 메이저리그 전체 투수 가운데, 젤리보다 더 높은 장타율을 기록한 투수는 여덟 명뿐이었다. 만일 올해도 싱커를 때린 타자의 타구를, 내려다보지 못하고 올려 보게 된다면 빅리그 안착은 요원한 일이 될 것이다.

워커	경기	승	패	홀드	이닝	ERA	탈삼진	피안타율	WHIP	bWAR
2023	49	5	3	3	61.1	3.23	78	.262	1.39	1.0
통산	49	5	3	3	61.1	3.23	78	.262	1.39	1.0

젤리	경기	승	패	홀드	이닝	ERA	탈삼진	피안타율	WHIP	bWAR
2023	15	2	1	0	29.0	6.52	31	.317	1.76	-0.6
통산	23	3	3	1	54.0	6.17	59	.314	1.70	-1.0

타일러 피츠제럴드

26세 | 외야수·내야수 | 우투우타 | 190cm 92kg | 미국

최근 샌프란시스코 마이너리그에서 가장 크게 성장한 타자 중 한 명. 트리플A 102경기에서 20홈런과 29개의 도루(성공률 91%)를 달성했는데, 최근 3시즌간 마이너 합산 '62홈런, 64도루'를 기록했을 만큼 장타와 스피드가 두루 갖춘 선수이다. 다만, 메이저리그 무대에서의 활약 가능성에 대해선 회의적인 시각이 많아 주요 매체 유망주 랭킹에 아예 이름을 올리지 못하거나 30위(MLB 파이프라인)에 '턱걸이' 했다. 피츠제럴드의 또다른 장점은 내야(유격수)와 외야(중견수)를 모두 맡을 수 있는 수비력. 지명타자를 제외하면, 마이너리그에서 2루와 3루, 유격수와 중견수를 맡았을 정도로 유틸리티 자원으로 좋은 평가를 받는다. 자이디 구단 운영 부문 사장이 시즌 막판, 피츠제럴드의 운동 능력을 극찬한 것도 선수에겐 긍정적인 신호이다. 자신보다 두 살 어린 케이시 슈미트, 브렛 와이슬리 등 1999년생 선수들과 로스터 한 자리를 두고 치열할 경쟁을 벌이게 될 것이다.

알렉스 콥

36세 | 선발투수 | 우투우타 | 190cm 92kg | 미국

'투수 재활 공장' 샌프란시스코에서 커리어 2막을 열고 있는 알렉스 콥에게 2023년은 뜻깊은 시즌이었다. 처음 올스타에 선정된 것에 이어 8월 30일(한국 시각)엔 9회 2아웃까지 노히트 노런으로 호투하며 기록의 주인공이 될 '뻔' 했다. 다만, 당시 131구 투구 이후 3경기에서 부진했고 둔부 왼쪽 수술로 이어진 것은 옥에 티였다. 이 수술로 인해 올해 6월 이후 복귀가 예정되어 있는 가운데, 콥의 존재는 올해도 샌프란시스코 로테이션에서 매우 중요하다. 물음표가 많은 선발진이 개막 로스터 그대로 버텨낸다는 것은 현실적으로 어렵기에 '지원군'이 필요하기 때문이다. 춤을 추듯 들어가는 싱커와 스플리터의 구위를 다시 보여줄 수 있다면, 후반기 자이언츠가 리그 내에서 복병이 될 가능성은 충분하다. 한편, 자이언츠는 내심 콥 뿐만 아니라, 시즌 막판 복귀가 예정되어 있는 로비 레이의 빠른 컴백도 기대하고 있다. 트레이드로 영입한 레이는 지난 2021년 AL 사이영상을 수상한 바 있다.

피츠제럴드	경기	득점	안타	홈런	타점	도루	볼넷	타율	OPS	bWAR
2023	10	3	7	2	5	2	2	.219	.734	0.2
통산	10	3	7	2	5	2	2	.219	.734	0.2

콥	경기	승	패	이닝	ERA	탈삼진	QS	피안타율	WHIP	bWAR
2023	28	7	7	151.1	3.87	131	11	.272	1.32	2.6
통산	230	77	75	1311.1	3.85	1098	107	.256	1.28	19.6

COLORADO
ROCKIES

SINCE 1993

콜로라도 로키스

창단연도 1993년(31주년)
우승 내셔널리그 1회
홈구장 쿠어스 필드(1995~)
구단주 찰리 몽포트 & 딕 몽포트
사장 그렉 피셀
단장 빌 슈미트
연고지 콜로라도주 덴버시

콜로라도주 덴버시

미국 콜로라도주의 주도이자 최대 도시. 미국의 대도시 중 가장 높은 곳에 위치한 도시이며 해발고도 1,609m(1,000마일) 정도에 있기 때문에 '마일하이 시티'(The Mile-High city)'라고도 한다. 인구는 시내 기준 71만 명(미국 내 19위), 광역권 기준 296만 명(미국 내 21위)이다. 콜로라도주의 중앙부에서 약간 북쪽, 로키산맥 기준으론 동쪽 기슭에 있으며 체리크리크강과 사우스플랫강이 합류하는 지점이기도 하기에 물 맑고 깨끗한 곳이란 인식이 있고, 대도시임에도 크게 북적거리지 않는 편인데다가 의외로 날씨도 크게 춥지 않아서 미국의 대표적인 요양지 중 한 곳이다. 로키 산맥과 대평원 지대에서 가장 인구가 많은 도시답게 4대 스포츠 종목과 축구 팀을 모두 보유하고 있다. 로키스(MLB), 브롱코스(NFL), 너겟츠(NBA), 애벌랜치(NHL), 래피즈(MLS)다. 사실 고산지대 수준은 아니어서 일상생활에는 크게 지장을 주진 않지만 해발고도 1,609m로 인한 낮은 공기 밀도는 프로 스포츠에 큰 영향을 미친다. 미식축구, 농구, 축구처럼 페이스가 빠른 종목뿐만 아니라 야구에서도 로키스의 홈구장 쿠어스 필드는 투수들의 무덤으로 악명이 높다.

RETIRED NUMBERS

17 토드 헬튼

33 래리 워커

42 재키 로빈슨

KSM 켈리 맥그리거

WORLD SERIES

NATIONAL LEAGUE

WEST DIVISION

2007

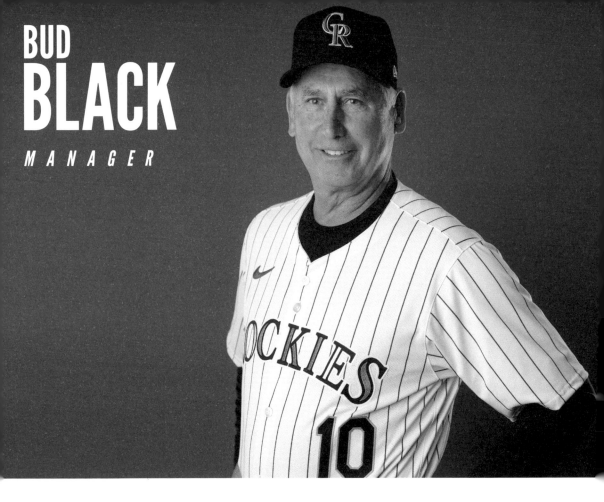

BUD
BLACK
MANAGER

감독	버드 블랙(66세)
선수경력	시애틀(1981) › 캔자스시티(1982~1988) › 클리블랜드(1988~1990)
	토론토(1990) › 샌프란시스코(1991~1994) › 클리블랜드(1995)
감독경력	통산 1125승 1269패 | 승률 0.470
	샌디에이고(2007~2015) › 콜로라도(2017~)
	NL 올해의 감독상(2010)

올 시즌 메이저리그 현역 감독 가운데 유일한 투수 출신. 로어 콜롬비아 대학 시절 샌프란시스코와 메츠의
지명을 받았으나 어느 팀과도 계약을 맺지 않은 그는 샌디에이고 주립대로 편입해 학사를 마친 후 1979년
신인 드래프트 17라운드 전체 417번째로 자신을 지명한 시애틀과 계약하며 프로생활을 시작했고, 1981년
빅리그에 데뷔해 15시즌 동안 통산 121승 116패 1039탈삼진 평균자책점 3.84를 기록했다. 현역에서 은퇴한
블랙은 1998년 클리블랜드 산하 트리플A 팀의 투수 코치를 맡았고, 2000년 에인절스에 감독으로 부임한
마이크 소시아의 밑에서 재로드 워시번, 존 래키, F. 로드리게스 등 젊은 투수들을 키워내며 명 투수코치로
이름을 날렸다. 2002년 월드시리즈 직전 클리블랜드로부터 감독 제안을 받았지만 이를 거절하고 팀의 우승을
끝까지 지켜본 것도 유명한 일화다. 2006년말 샌디에이고의 감독으로 부임하며 처음으로 지휘봉을 잡은
블랙은 9시즌 동안 670승 788패(0.460)를 기록하고 2015시즌 도중 경질됐다. 이후 2016년 잠시 친정팀
에인절스의 단장 특별 보좌로 일하던 블랙은 2017시즌을 앞두고 콜로라도의 감독으로 선임되면서 팀을 2년
연속 가을야구 진출로 이끌었다. 하지만 최근 콜로라도는 5년 연속 포스트시즌에서 탈락했다. 감독으로서
버드의 장점은 단연 투수 육성이다. 단, 타자 육성 면에서 그렇지 못하다는 것은 치명적인 단점이다.

LINE-UP

POTENTIAL 2024 DEFENSIVE ALIGNMENT

|LF|
놀란 존스

|CF|
브렌튼 도일

|RF|
션 부샤드

|SS|
에제키엘 토바

|2B|
브렌든 로저스

|3B|
라이언 맥맨

|1B|
크리스 브라이언트

|DH|
찰리 블랙먼

|C|
엘리아스 디아즈

BATTING ORDER

1 찰리 블랙먼 DH/L
2 크리스 브라이언트 1B/R
3 놀란 존스 LF/L
4 브렌든 로저스 2B/R
5 라이언 맥맨 3B/L
6 엘리아스 디아즈 C/R
7 에제키엘 토바 SS/R
8 션 부샤드 RF/R
9 브렌튼 도일 CF/R

COACHING STAFF

타격 헨슬리 뮬렌
보조타격 앤디 곤잘레스, P. J. 필리트레
투수 대릴 스콧
1루 로니 기드온
3루 워렌 쉐퍼
불펜 레이드 코넬리우스
벤치 마이크 레드먼드
불펜포수 애런 무뇨즈
보조불펜 카일 커닝햄

2023 DATA REVIEW

STATS

BATTER		PITCHER
721	18위 : 득점 ┆ 승리 : 28위	59
1368	16위 : 안타 ┆ 패배 : 3위	103
163	26위 : 홈런 ┆ 세이브 : 26위	32
685	20위 : 타점 ┆ 이닝 : 29위	1414.0
76	28위 : 도루 ┆ 실점 : 30위	957
447	26위 : 볼넷 ┆ 탈삼진 : 30위	1129
1543	3위 : 삼진 ┆ 선발 ERA : 30위	5.91
0.249	17위 : 타율 ┆ 불펜 ERA : 30위	5.41
0.311	25위 : 출루율 ┆ 피안타율 : 30위	0.288
0.715	20위 : OPS ┆ WHIP : 30위	1.55

RECORDS

BATTER		PITCHER
0.267	엘리아스 디아즈 : 타율 ┆ 승리 : 오스틴 곰버	9
73	에제키엘 토바 : 타점 ┆ ERA : 브렌트 수터	3.38
23	라이언 맥맨 : 홈런 ┆ 탈삼진 : 카일 프리랜드	94
22	브렌튼 도일 : 도루 ┆ 세이브 : 저스틴 로렌스	11
4.3	놀란 존스 : WAR ┆ WAR : 카일 프리랜드	1.7

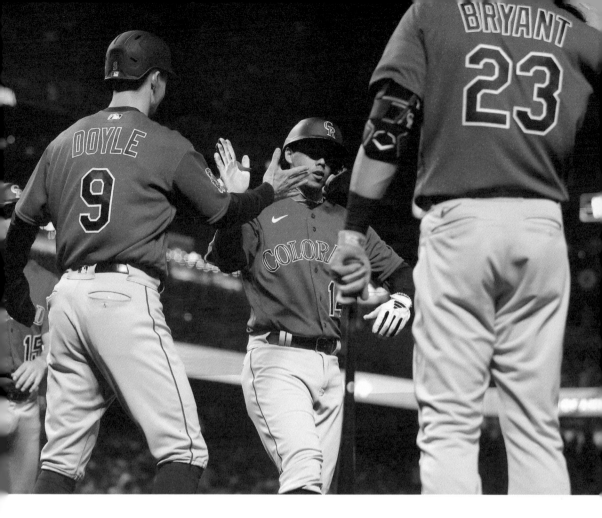

최악은 충분히 경험했다, 이제 반등만이 남아 있다

PREVIEW 콜로라도는 2023시즌 59승 103패(0.364)로 내셔널리그 서부지구 꼴찌에 그치면서 창단 후 최악의 시즌을 보냈다. 2017, 2018시즌 2년 연속 포스트시즌에 진출했던 콜로라도는 이후 지난 5년간 단 한 차례도 5할 승률을 넘기지 못했다. 문제는 이 성적이 리빌딩 과정에서 나온 게 아니었다는 것. 콜로라도는 같은 기간 꽤 많은 투자를 단행했다. 대표적으로 2022시즌을 앞두고 FA 시장에 나선 크리스 브라이언트를 7년 1억 8200만 달러(약 2415억 원)에 영입한 것을 꼽을 수 있다. 하지만 계약 이전부터 이미 하락세를 겪고 있었던 브라이언트는 계약 첫 해였던 2022년 허리 부상과 족저근막염이 겹치면서 42경기 출전에 머물렀고, 2023년에도 왼발 부상과 왼손 골절로 80경기에서 타율 0.233 10홈런 31타점 OPS 0.680에 그쳤다. 물론 브라이언트가 건강했더라도 콜로라도의 2023시즌 성적은 크게 달라지진 않았을 확률이 높다. 콜로라도는 시즌 시작 전부터 객관적인 전력에서 NL 서부지구 5팀 가운데 가장 약하다는 평가를 받았다. 설상가상으로 스프링캠프 중 주전 2루수인 브랜든 로저스가 어깨 부상을 당한 데 이어 에이스인 헤르만 마르케스가 5월 토미 존 수술을 받으며 시즌아웃되면서 콜로라도는 4월 중순 이후 한 번도 꼴찌에서 벗어나지 못했다. 지난해 콜로라도의 가장 큰 문제점은 '투수들의 무덤'이라 불리는 쿠어스필드를 홈으로 쓰는 이점을 전혀 살리지 못했다는 것이다. 2023년 콜로라도의 팀 OPS는 0.715(NL 11위)였는데, 구장 효과를 반영한 wRC+(조정 득점생산력)로 살펴보면 78점(NL 15위)으로 MLB 30개 구단 중 꼴찌였다. 반면 투수들은 쿠어스필드로 인한 손해를 피하지 못했다. 콜로라도 투수진은 팀 평균자책점 5.67으로 MLB 전체 꼴찌에 그쳤다. 그나마 위안거리가 있다면 놀란 존스, 브렌튼 도일, 에제키엘 토바 등 눈에 띄는 신인 타자들이 등장했다는 것이다. 콜로라도의 반등은 이들이 얼마나 성장할지에 달려있다.

CHARLIE
BLACKMON

찰리 블랙먼

37세 | 외야수 | 좌투좌타 | 190cm 100kg | 미국

19

콜로라도 로키스의 프랜차이즈 스타 외야수. 미국 텍사스주 댈러스에서 태어나 조지아주 스와니에서 자랐고, 조지아 공대 시절 좌완 투수이자 외야수로 투타에서 모두 두각을 드러내면서 2008년 ESPN 선정 아마추어 올아메리카 팀에 선정됐다. 2008년 신인 드래프트 2라운드 전체 72번째로 콜로라도의 지명을 받고 프로생활을 시작한 블랙먼은 통산 13시즌 1500경기 1690안타 215홈런 142도루 타율 0.296 OPS 0.840을 기록 중이다. 같은 기간 올스타 4회, 실버슬러거 2회 선정됐고 2017년에는 타율(0.331)·안타(213)·득점(137)에서 내셔널리그 1위에 올랐다. 블랙먼은 '투수들의 무덤'이라 불리는 홈구장 쿠어스 필드에서 유독 강한 면모를 보였다. 실제로 통산 홈에서 타율 0.332 126홈런 447타점 OPS 0.946을 기록 중인 반면, 원정에선 타율 0.259 87홈런 302타점 OPS 0.732을 기록 중이다. 2011년 빅리그에 데뷔한 블랙먼은 4년 차인 2014년부터 콜로라도의

주전 외야수로 자리잡으며 전성기를 보냈다. 전성기 시절 블랙먼은 매년 3할-30홈런-30도루를 노릴 수 있을 만큼 정확도와 파워 그리고 빠른 발을 갖춘 호타준족의 타자였다. 하지만 타율 0.314 32홈런 86타점 OPS 0.940을 기록하며 올스타에 선정된 2019년을 마지막으로 하락세가 시작됐다. 블랙먼은 단축시즌으로 진행된 2020년 타율 0.303 6홈런 42타점 OPS 0.804으로 3할 타율을 달성했으나 장타력이 급감했고, 지난 3년간 연평균 0.270 12홈런 65타점 OPS 0.762을 기록했다. 그러나 2023년에는 오른손 골절로 두 달가량 결장했음에도 불구하고 96경기에서 타율 0.279 8홈런 40타점 OPS 0.803으로 소폭 반등에 성공했다. 지난 시즌을 끝으로 2018년 맺었던 6년 총액 1억 800만 달러의 계약이 만료될 예정이었던 블랙먼은 시즌 종료 직전 1년 1300만 달러(174억 원) 연장계약에 합의하며 콜로라도에서 한 시즌 더 뛸 수 있게 됐다.

	경기	득점	안타	홈런	타점	도루	볼넷	타율	OPS	bWAR
2023	96	57	100	8	40	4	39	0.279	0.803	1.3
통산	1500	937	1690	215	749	142	442	0.296	0.840	20.6

KRIS BRYANT

크리스 브라이언트

23

32세 | 외야수·3루수 | 우투우타 | 196cm 104kg | 미국

한때 시카고 컵스의 프랜차이즈 스타이자 메이저리그를 대표하는 슈퍼스타 중 한 명이었으나 FA 장기계약 후 급격한 기량 하락으로 콜로라도의 골칫거리가 되어버린 선수. 미국 네바다주 라스베가스 출신인 브라이언트는 고교 시절 통산 47홈런을 때려내며 주목을 받았고, 야구 명문 샌디에이고 대학에 진학해 미국 대학야구 대표팀 및 골든스파이크 어워드에 선정되는 등 전미 최고의 유망주로 성장했다. 2013년 신인 드래프트에서 1라운드 전체 2번째로 시카고 컵스에 지명을 받은 브라이언트는 2015년 빅리그에 데뷔해 첫 해부터 올스타와 만장일치로 NL 신인왕에 선정됐고, 2년 차에는 정규시즌 타율 0.292 39홈런 102타점 OPS 0.939을 기록한 데 이어 가을야구에선 '염소의 저주'를 깨고 108년 만에 컵스의 월드시리즈 우승을 이끌면서 MVP를 차지했다. 이후로도 브라이언트는 승승장구했다. 하지만 그 과정에서 컵스와의 갈등은 점차 고조되고 있었다. 브라이언트는 FA까지 기간을 1년 더 연장하려는 컵스의 꼼수에 반감을 갖고 있었고 이에 대해 소송을 했지만 최종적으로는 패소했다. 여기에 더해 코로나19로 인한 개막 연기와 손목 부상이 겹치면서 2020년 커리어 최악의 성적을 거뒀다. 이듬해인 2021년 반등에 성공했지만 결국 시즌 중반 샌프란시스코로 트레이드되면서 브라이언트와 컵스의 동행은 끝났다. 그리고 2021시즌을 마친 후 FA 자격을 얻은 브라이언트는 7년 1억 8200만 달러(2429억 원)에 달하는 초대형 계약을 맺으며 콜로라도로 이적했다. 하지만 2022년 전반기에만 허리 부상으로 두 차례 부상자명단에 오른 브라이언트는 후반기 들어 반등에 성공하는 듯했지만 얼마 가지 못해 족저근막염으로 시즌아웃됐다. 2023년에도 왼발 부상과 왼손 골절로 80경기 출전에 그쳤고 타격성적도 타율 0.233 10홈런 31타점 OPS 0.680에 머물렀다. 브라이언트의 나이는 만 31세. 남은 계약 기간은 앞으로 5년이다. 올해도 반등하지 못한다면 그의 계약은 콜로라도에겐 악몽이 될 수 있다.

	경기	득점	안타	홈런	타점	도루	볼넷	타율	OPS	bWAR
2023	80	36	70	10	31	0	29	0.233	0.680	-1.0
통산	1006	656	1033	182	532	44	489	0.276	0.863	28.2

RYAN MCMAHON

라이언 맥맨

29세 | 3루수 | 우투좌타 | 188cm 99kg | 미국

24

놀란 아레나도에 이어 등장한 콜로라도의 골드글러브급 3루수. 미국 캘리포니아주 산티아나 출신으로 고교 시절 야구 팀의 유격수이자 미식축구 팀의 쿼터백으로 활약했고, 졸업 후엔 USC에 진학 예정이었으나 2013년 신인 드래프트 2라운드 전체 42번째로 콜로라도의 지명을 받으면서 프로생활을 시작했다. 이후 마이너리그에서 착실한 성장을 거듭하면서 2015년 싱글A+에서 타율 0.300 18홈런 75타점 OPS 0.892으로 〈베이스볼 아메리카〉 선정 MLB 유망주 전체 43위에 올랐으나, 2016년 더블A에서 부진을 겪으면서 평가가 급락했다. 이듬해인 2017년 타율 0.355 20홈런 88타점 OPS 0.986으로 트리플A를 초토화하고 빅리그에 데뷔한 맥맨은 정작 메이저리그에선 타율 0.158에 그쳤다. 이런 마이너리그와 메이저리그에서의 온도 차이는 2018년에도 이어졌다. 하지만 2018시즌을 마친 후 훈련을 통해 약점이었던 패스트볼 대처 능력을 향상시킨 맥맨은 빅리그 3년 차인 2019년 타율 0.250 24홈런 83타점 OPS 0.779를 기록하면서 마침내 주전 2루수로 발돋움했다. 이후 맥맨은 단축시즌으로 진행된 2020년을 제외하면 4년 연속 20홈런 이상을 기록 중이다. 아쉬운 점이 있다면 홈/원정 편차가 지나치게 차이가 난다는 것. 하지만 타격보다 주목해야할 점은 맥맨의 수비다. 2021년 아레나도가 떠난 3루수 자리를 이어받은 맥맨은 강한 어깨를 바탕으로 3루수와 2루수를 오가며 DRS(수비 기여도) +22점을 기록했다. 이는 MLB 전체 1위에 해당하는 수치였다. 이러한 활약을 바탕으로 맥맨은 2022시즌 개막 직전 콜로라도와 6년 7000만 달러(934억 원)에 연장계약을 체결했고, 2021년과 다르지 않은 성적으로 콜로라도의 3루수 자리를 지켰다. 지난해에도 맥맨은 타격에서 152경기 타율 0.240 23홈런 70타점 5도루 OPS 0.753을 기록했고, 수비에서도 DRS +17점으로 키브레이언 헤이스(+21점)에 이어 3루수 전체 2위에 이름을 올렸다.

	경기	득점	안타	홈런	타점	도루	볼넷	타율	OPS	bWAR
2023	152	80	133	23	70	5	68	0.240	0.753	2.9
통산	757	339	599	104	352	24	284	0.243	0.752	12.4

NOLAN
JONES

놀란 존스

25세 | 외야수 | 우투좌타 | 193cm 88kg | 미국

22

콜로라도의 라이징 스타. 미국 펜실베이아주 랭혼 출신으로 고교 시절엔 유격수로 활약했고, 졸업 이후 버지니아 대학에 진학 예정이었으나 2016년 신인 드래프트에서 2라운드 전체 55번째로 클리블랜드의 지명을 받으면서 프로생활을 시작했다. 마이너리그 첫 2년간 평범한 성적을 거두던 존스는 3년 차인 2018년 타율 0.283 19홈런 66타점 OPS 0.871을 기록하며 주목받기 시작했고 착실한 성장 끝에 2021년에는 MLB 파이프라인 기준 유망주 랭킹 전체 36위에 선정됐다. 하지만 2021년 트리플A에서 타율 0.238에 그치는 부진을 겪으면서 빅리그 데뷔가 늦춰졌고 유망주 랭킹 100위권 밖으로 밀려났다. 이듬해 반등에 성공한 존스는 2022시즌 중반 빅리그에 데뷔했지만 28경기에서 타율 0.244 2홈런 13타점 OPS 0.681을 기록했고, 이에 실망한 클리블랜드는 시즌 종료 후 그를 콜로라도로 트레이드됐다. 그런데 그때 반전이 일어났다. 콜로라도 산하 앨버커키에서 시즌을 시작한 존스는 39경기 타율 0.356 12홈런 42타점 OPS 1.193으로 트리플A를 폭격한 후 콜업됐고, 메이저리그에서도 106경기에서 타율 0.297 20홈런 62타점 20도루 OPS 0.931을 기록하는 깜짝 활약을 펼쳤다. 흥미로운 점이 있다면 홈/원정 성적 편차가 거의 없었다는 것. 실제로 존스는 2023년 홈에서 타율 0.306 10홈런 33타점 OPS 0.928, 원정에서 타율 0.288 10홈런 29타점 OPS 0.935를 기록했다. 이는 존스의 올해 성적이 '투수들의 무덤'이라 불리는 쿠어스 필드를 홈으로 쓴 덕분이 아니라는 증거다. 한편, 존스의 활약은 수비에서도 돋보였다. 올해 좌익수(60경기)·우익수(31경기)·중견수(3경기)로 출전한 존스는 최고 송구속도 102.7마일(165.3km/h)에 달하는 강한 어깨를 앞세워 외야수로서 19개의 보살을 기록하며 양대리그 통합 1위에 올랐다. 이는 MLB 역사상 신인 외야수가 단일시즌 기록한 최다 보살 기록이기도 하다.

	경기	득점	안타	홈런	타점	도루	볼넷	타율	OPS	bWAR
2023	106	60	109	20	62	20	53	0.297	0.931	4.3
통산	134	70	130	22	75	20	61	0.287	0.884	4.4

BRENTON DOYLE

브렌튼 도일

9

25세 | 외야수 | 우투우타 | 188cm 90kg | 미국

메이저리그에서 가장 역동적인 수비를 펼치는 중견수. 미국 버지니아주 워렌턴 출신으로 고교 시절 지역리그 올해의 선수에 선정될 만큼 뛰어난 유망주였지만, 도일의 오랜 장래 희망은 군인이었고 따라서 당초 고교 졸업 후 버지니아 군사학교에 입학할 예정이었다. 하지만 메이저리거가 되기 위해 결심을 돌려 셰퍼드 대학에 진학했고, 2019년 신인 드래프트 4라운드에서 콜로라도의 지명을 받으며 프로생활을 시작했다. 도일은 2019년 루키리그에서 타율 0.383 8홈런 33타점 17도루를 기록하며 타격왕에 올랐지만, 2020년 코로나19로 인해 마이너리그 시즌이 열리지 않으면서 고향인 버지니아에서 현지 대학 선수들과 함께 훈련을 해야 했다. 그러나 2021년 싱글A+에서 타율 0.279 16홈런 47타점 21도루를 기록하고 마이너리그 골드글러브를 수상하면서 팀내 최고의 유망주로 선정됐다. 이어 2022년에도 더블A와 트리플A에서 타율 0.256 26홈런 77타점 23도루 OPS 0.773를 기록했고, 2023년 트리플A 12경기에서 타율 0.306 5홈런 8타점 OPS 1.036을 기록한 후 4월 25일 빅리그 무대를 밟았다. 데뷔 첫해 도일의 타격은 냉정히 말해 기대 이하였다. 도일은 전반기 타율 0.213 6홈런 22타점 OPS 0.627을 기록했고, 약점이 노출되면서 후반기엔 타율 0.196 4홈런 26타점 OPS 0.566에 그쳤다. 최종 성적은 126경기 타율 0.203 10홈런 48타점 22도루 OPS 0.593. 그러나 수비에서는 센세이셔널 그 자체였다. 도일은 2023년 중견수로 384번의 수비 기회에서 보살 10개와 더블플레이 3개를 기록하면서 실책은 1개(수비율 0.997)에 불과했다. DRS(수비 기여도) +19점은 페르난도 타티스 주니어(+27점)에 이어 NL 외야수 중 2위에 해당하는 성적이다. 이를 바탕으로 도일은 신인 외야수로서 골드글러브를 받은 역대 6번째 선수가 됐다. 이제 남은 과제는 타격에서도 제 몫을 다하는 것이다.

	경기	득점	안타	홈런	타점	도루	볼넷	타율	OPS	bWAR
2023	126	48	81	10	48	22	22	0.203	0.593	0.9
통산	126	48	81	10	48	22	22	0.203	0.593	0.9

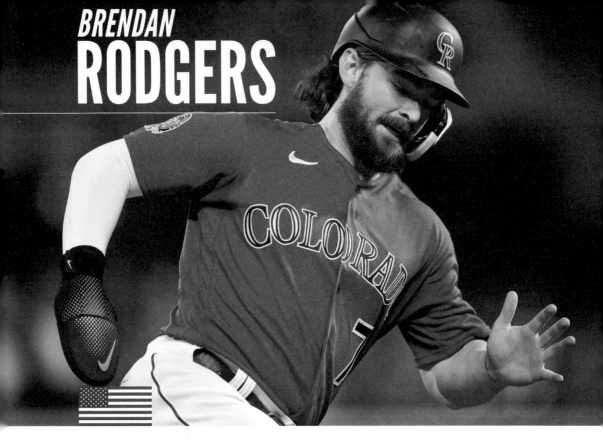

BRENDAN RODGERS

브렌든 로저스

27세 | 2루수 | 우투우타 | 183cm 92kg | 미국

7 2022년 골드글러브에 선정된 콜로라도의 2루수. 미국 플로리다주 윈터파크 출신으로 축구 선수 출신 사업가인 아버지 그렉과 어머니 줄리 사이에서 태어났다. 로저스가 야구선수를 꿈꾼 것은 아버지의 가장 친한 친구인 랄프 네나가 집에 방문해 야구공을 선물한 5살 때부터였다. 이후 로저스는 리틀야구에서 보 비셋과 함께 뛰었고, 그 모습을 지켜본 전직 메이저리거이자 비셋의 아버지인 단테는 로저스의 부모에게 "로저스는 미래에 메이저리거가 될 것"이라 장담했다. 그 기대대로 레이크메리 고교를 졸업한 로저스는 2015년 신인 드래프트 1라운드 전체 3번째로 콜로라도의 지명을 받고 프로생활을 시작했다. 마이너리그에서 기본기를 다진 로저스는 2019년 MLB 파이프라인 선정 유망주 전체 10위에 올랐고, 시즌 시작과 함께 트리플A를 폭격하며 빅리그 무대를 밟았다. 하지만 승승장구하던 로저스에게 악재가 닥쳤다. 데뷔 후 채 한달도 되지 않아 오른쪽 어깨에 이상이 발견된 것. 결국 로저스는 관절와

순 수술을 받았고 2020년에도 7경기 출전에 그쳤다. 그러나 2021시즌 중반 복귀한 로저스는 2021년 102경기에서 타율 0.284 15홈런 51타점 OPS 0.798으로 풀타임 첫 해를 성공적으로 마치며 잠재력을 입증했다. 그리고 이듬해인 2022년 로저스는 137경기에서 타율 0.266 13홈런 63타점 OPS 0.733으로 타격에선 다소 아쉬웠지만 전체적으로는 또 한번 스탭업한 시즌이었다. 바로 약점으로 평가받던 수비에서 큰 발전을 이루며 2루수 부문 골드글러브를 수상한 것. 로저스가 2022년 기록한 DRS(수비기여도) +22점은 키브라이언 헤이스(+24점)에 이은 MLB 전체 2위이자 2루수 1위에 해당하는 수치였다. 그러나 2023년 로저스는 2월 시범경기 텍사스전에서 땅볼을 다이빙 캐치로 처리하려던 중 어깨를 다치면서 후반기에나 복귀할 수 있었고 46경기에서 타율 0.258 4홈런 20타점 OPS 0.700을 기록하는 데 그쳤고 DRS도 −1점으로 공·수에서 모두 아쉬운 성적을 남겼다.

	경기	득점	안타	홈런	타점	도루	볼넷	타율	OPS	bWAR
2023	46	21	46	4	20	0	11	0.258	0.700	0.1
통산	317	151	315	32	143	0	80	0.265	0.727	4.8

ELIAS DIAZ

엘리아스 디아즈

33세 | 포수 | 우투우타 | 185cm 101kg | 베네수엘라

35

콜로라도의 주전 포수. 베네수엘라 출신으로 2008년 피츠버그와 국제유망주 계약을 맺으며 프로생활을 시작했고 2015년 빅리그에 데뷔했다. 하지만 2015년엔 2경기, 2016년엔 1경기 출전에 그치면서 대부분을 마이너리그로 보냈다. 디아즈는 2017년 64경기에서 타율 0.223 1홈런 19타점 OPS 0.579를 기록하면서 본격적으로 출전 기회를 받기 시작했고, 2018년에는 82경기에서 타율 0.286 10홈런 34타점 OPS 0.792으로 깜짝 활약을 펼쳤다. 이를 바탕으로 디아즈는 2019년 피츠버그 포수 중 가장 많은 101경기에 출전하며 기회를 받았으나 타율 0.241 2홈런 28타점 OPS 0.603에 그치면서 시즌 종료 후 논텐더로 풀렸다. 이후 2020시즌을 앞두고 콜로라도와 마이너리그 계약을 체결한 디아즈는 2020년 26경기에서 타율 0.235 2홈런 9타점 OPS 0.641에 그쳤다. 하지만 이듬해인 2021년 106경기에서 타율 0.246 18홈런 44타점 OPS 0.774

를 기록하며 타격에서 잠재력을 만개했고, 시즌 종료 후 콜로라도와 3년 1450만 달러(194억 원)에 연장계약을 체결했다. 연장계약 첫 해 디아즈는 타율 0.228 9홈런 51타점 OPS 0.648에 머물렀다. 하지만 2023시즌을 앞두고 아버지의 모국인 콜롬비아 대표팀으로 제5회 월드베이스볼클래식(WBC)에 출전해 토너먼트에서 8타수 2안타(타율 0.250)를 기록했다. 이어지는 2023시즌 디아즈는 전반기 타율 0.277 9홈런 45타점 OPS 0.763을 기록하면서 커리어 첫 올스타에 선정됐고, 올스타전에서 8회초 역전 결승 투런 홈런을 때려내면서 내셔널리그 팀을 승리로 이끌고 올스타 MVP에 올랐다. 콜로라도 구단 역사상 올스타 MVP를 수상한 것은 디아즈가 처음이다. 이후 디아즈는 2023시즌을 141경기 타율 0.267 14홈런 72타점 OPS 0.725을 기록하며 준수한 타격 성적으로 마쳤다. 단, DRS(수비 기여도)는 −16점으로 아쉬웠다.

	경기	득점	안타	홈런	타점	도루	볼넷	타율	OPS	bWAR
2023	141	48	130	14	72	1	34	0.267	0.725	1.4
통산	628	215	496	56	258	2	149	0.249	0.691	4.4

KYLE FREELAND

카일 프리랜드

30세 | 선발투수 | 좌투좌타 | 193cm 92kg | 미국

21

콜로라도의 '홈타운 보이'이자 원조 좌완 에이스. 쿠어스필드가 위치한 미국 콜로라도주 덴버 출신으로 고교 졸업 후 2011년 신인 드래프트 35라운드에 필라델피아의 지명을 받았지만 이를 거절하고 에반즈빌 대학에 진학했다. 대학 진학 후 첫 2년간 4점대 평균자책점에 그친 프리랜드는 3학년 시절 10승 2패 평균자책점 1.90을 기록하며 주목받았고, 2014년 신인 드래프트 1라운드 전체 8번째로 콜로라도와 계약하고 프로생활을 시작했다. 2017년 4월 8일 다저스를 상대로 쿠어스필드에서 빅리그에 데뷔한 프리랜드는 1966년 캔자스시티 애슬레틱스의 척 돕슨에 이어 51년 만에 자신의 고향팀 홈 개막전에서 데뷔전을 치른 선발투수가 됐다. 이후 7월 10일 화이트삭스전에서 9회 1사까지 노히터를 기록하는 등 인상적인 활약을 펼치면서 11승 11패 평균자책점 4.10으로 데뷔 시즌을 마쳤다. 그리고 2년 차인 2018년 17승 7패 202.1이닝 173탈삼진 평균자책점 2.85로 콜로라도 구단

역사상 최저 평균자책점을 경신하면서 NL 사이영상 투표에서 4위에 올랐다. 놀라운 점은 '투수들의 무덤'이라 불리는 홈구장 쿠어스필드에서 10승 2패 평균자책점 2.40으로 오히려 원정에서보다 강한 모습을 보였다는 것. 이는 해발고도 1,609m인 덴버시의 환경에 누구보다 익숙한 것이 큰 영향을 미쳤다. 그 해 프리랜드는 NLWC 결정전에 선발 등판해 6.2이닝 0실점을 기록하며 콜로라도 역사상 처음으로 가을야구에서 무실점 투구를 펼친 선발투수가 됐다. 하지만 지나치게 무리한 여파였을까. 이듬해 프리랜드는 3승 11패 평균자책점 6.73으로 최악의 부진을 겪었다. 이후 프리랜드는 2020년 2승 3패 평균자책점 4.33으로 반등에 성공했고 2021-2022년에도 4점대 평균자책점을 꾸준히 유지했지만, 지난해에는 패스트볼 평균 구속이 88.8마일(142.9km/h)로 급격히 하락하면서 6승 14패 평균자책점 5.03으로 2019년 이후 가장 부진한 성적을 남겼다.

	경기	승	패	이닝	ERA	탈삼진	QS	피안타율	WHIP	bWAR
2023	29	6	14	155.2	5.03	94	12	0.300	1.47	1.7
통산	184	55	65	984.1	4.39	735	87	0.278	1.42	18.1

GERMAN
MARQUEZ

헤르만 마르케스

28세 | 선발투수 | 우투우타 | 185cm 104kg | 베네수엘라

48

콜로라도의 우완 강속구 투수. 베네수엘라 출신으로 2011년 탬파베이와 국제 유망주 계약을 맺으며 프로생활을 시작했고, 2016년 코리 디커슨이 포함된 트레이드를 통해 콜로라도로 이적한 후 빅리그에 데뷔했다. 풀타임 첫 해인 2017년 11승 7패 162이닝 147탈삼진 평균자책점 4.39을 기록한 마르케스는 2018년 슬라이더를 장착 후 쿠어스필드를 홈으로 쓰면서도 14승 11패 196이닝 230탈삼진 평균자책점 3.77을 기록했다. 한편, 이 해 마르케스는 타격에서도 타율 0.300 1홈런 5타점을 기록하며 2002년 마이크 햄튼 이후 처음으로 콜로라도 소속으로 투수 부문 실버슬러거를 수상하기도 했다. 이러한 성과를 바탕으로 2018시즌 종료 후 마르케스는 콜로라도와 5년 4300만 달러(574억 원)에 연장계약을 체결했다. 그러나 프리랜드와 마찬가지로 마르케스 역시 2018년 브레이크 아웃 이후 2019년 평균자책점 4.76에 그치며 전년도 대비 어려움을 겪었

다. 하지만 단축시즌으로 진행된 2020년 4승 6패 81.2이닝 73탈삼진 평균자책점 3.75으로 NL 이닝 1위에 오르는 등 반등에 성공한 마르케스는 이후에도 두 시즌 동안 연평균 32경기 10승 12패 181이닝 163탈삼진 평균자책점 4.68을 기록하며 마운드를 지켰으나 결국 2023시즌 초반 토미 존 수술로 시즌아웃됐다. 그럼에도 불구하고 지난해 9월 콜로라도는 마르케스와 2년 2000만 달러(267억 원)에 연장계약을 체결하며 그를 향한 믿음을 드러냈다. 마르케스는 평균 95.7마일(154km/h)에 육박하는 패스트볼과 위력적인 슬라이더와 커브볼을 던지는 투수다. 워낙 공격적인 투구를 펼치기 때문에 강력한 구위에 비해 탈삼진(통산 K/9 8.7개)이 적지만, 반대로 제구력에 비해 볼넷(통산 BB/9 2.7개) 역시 적은 편이다. 이로 인해 얻는 장점은 이닝 소화력이 뛰어나다는 것. 실제로 마르케스는 풀타임 선발을 맡은 2017년 이후 지난해 팔꿈치 부상으로 이탈하기 전까지 6년 연속 규정이닝(162이닝)을 돌파했다.

	경기	승	패	이닝	ERA	탈삼진	QS	피안타율	WHIP	bWAR
2023	4	2	2	20	4.95	17	1	0.257	1.10	0.2
통산	176	65	56	1016	4.41	983	90	0.256	1.28	16.0

DANIEL
BARD

다니엘 바드

38세 | 마무리투수 | 우투우타 | 193cm 97kg | 미국

52

콜로라도의 마무리 투수로 100일에 육박하는 패스트볼과 날카로운 슬라이더를 던지는 파이어볼러이자, 불굴의 의지로 재기에 성공한 인간 승리의 주인공이기도 하다. 노스캐롤라이나 대학 출신으로 2006년 신인 드래프트 1라운드 전체 28번째로 보스턴의 지명을 받은 바드는 입단 첫 해 싱글A에서 선발투수로 7점대 평균자책점에 그쳤지만, 불펜으로 보직을 옮긴 이듬해 평균자책점 1.51을 기록하며 마이너리그를 폭격했다. 이후 2009년 빅리그에 데뷔해 13홀드 평균자책점 3.65, 2010년 32홀드 평균자책점 1.93, 2011년 34홀드 평균자책점 3.33을 기록하며 팀의 핵심 셋업맨으로 활약했다. 하지만 시즌 막판 이상 징후가 감지됐다. 팀의 가을야구 진출이 달려있던 9월 한 달간 0승 4패 평균자책점 10.65에 그친 것. 결국 보스턴은 가을야구를 목전에 두고 탈락했다. 이듬해 바드는 선발투수로 보직을 변경했지만 제구 난조에 시달리면서 5승 6패 평균자책점 6.22에 그쳤

고, 2013년에는 마이너리그에서 15이닝 동안 27개의 볼넷을 허용했다. 결국 보스턴으로부터 방출된 바드는 여러 팀을 오가며 재기를 시도했지만 제구 난조는 나아지기는커녕 오히려 더 악화됐고 2017년을 마지막으로 은퇴를 선언하며 비운의 투수로 잊히는 듯 했다. 하지만 2020년 돌연 복귀를 선언한 바드는 콜로라도와 계약을 맺고 7년 만에 돌아온 빅리그 마운드에서 100마일을 던지며 여전한 구위를 과시했다. 그를 괴롭히던 제구 난조도 사라졌고 평균자책점 3.65를 기록하며 올해의 재기상을 수상했다. 그리고 2022년에는 만 37세의 나이로 34세이브 평균자책점 1.79를 기록하며 커리어 하이를 경신했다. 하지만 다시 한번 시련이 찾아왔다. 2023년 WBC에 미국 대표팀으로 참가한 바드는 베네수엘라와 8강전에서 알투베에게 몸에 맞는 공을 던진 후 정신적인 불안을 호소했고, 9이닝당 볼넷 8.9개를 기록하는 등 제구 난조 증세가 재발했다. 바드는 야구인생 두 번째로 찾아온 위기를 극복해낼 수 있을까?

	경기	승	패	세이브	이닝	ERA	탈삼진	피안타율	WHIP	bWAR
2023	50	4	2	1	49.2	4.56	47	0.206	1.70	0.1
통산	408	31	35	66	457.1	3.74	475	0.214	1.30	8.4

61 JUSTIN LAWRENCE

14 EZEQUIEL TOVAR

저스틴 로렌스

29세 | 불펜투수 | 우투우타 | 190cm 96kg | 파나마

최고 101마일 패스트볼을 구사하는 사이드암 파이어볼러. 파나마 출신으로 2살 때 미국으로 이주해 플로리다주 잭슨빌에서 자랐다. 고교 졸업 후에는 잭슨빌 대학을 거쳐 데이토나 주립대를 다녔고, 2015년 신인 드래프트 12라운드에서 콜로라도에 지명을 받았다. 마이너리그 첫 4년간 성장세를 보였던 로렌스는 2019년 상위 리그 승격 후 평균자책점 8.76을 기록하는 등 어려움을 겪었다. 설상가상 2020년 1월에는 금지약물 복용이 적발되면서 80경기 출전 정지를 받았고 코로나19로 마이너리그가 열리지 않으면서 한 경기에도 출전하지 못했다. 이후 2021년 트리플A에서 준수한 성적을 거두면서 빅리그에 데뷔했지만 8점대 평균자책점으로 시즌을 마감했고, 2022년에도 5점대 평균자책점에 그치는 등 강력한 구위를 제대로 활용하지 못했다. 그러나 지난해 스텝업에 성공하며 69경기에서 4승 7패 11세이브 75이닝 78탈삼진 평균자책점 3.72를 기록하여 콜로라도의 필승조로 자리매김했다.

에제키엘 토바

22세 | 유격수 | 우투우타 | 183cm 73kg | 베네수엘라

콜로라도의 주전 유격수. 베네수엘라 출신으로 2017년 콜로라도와 국제유망주 계약을 맺었다. 2021시즌 싱글A에서 타율 0.287 15홈런 72타점 24도루 OPS 0.796를 기록하면서 본격적으로 이름을 알리기 시작했고, 2022년 더블A와 트리플A에서 타율 0.319 14홈런 49타점 17도루 OPS 0.927을 기록하며 시즌 막판 빅리그에 데뷔했다. 이러한 활약을 바탕으로 토바는 2023년 〈베이스볼아메리카〉 유망주 랭킹 전체 17위에 선정됐다. 토바는 2023년 153경기에서 타율 0.253 15홈런 73타점 11도루 OPS 0.695 WAR 2.5승을 기록했다. 풀타임 첫 해 토바는 장타 56개(홈런 15개·2루타 37개·3루타 4개)를 기록하는 등 유격수치곤 뛰어난 파워와 함께 수비에서도 DRS(수비 기여도) +13점으로 좋은 모습을 보였다. 반면, 볼넷 25개를 얻는 동안 삼진 166개를 당한 선구안은 아쉬웠다. 이를 개선하기 위해선 변화구에 대한 대처능력을 키울 필요가 있다.

로렌스	경기	승	패	세이브	이닝	ERA	탈삼진	피안타율	WHIP	bWAR
2023	69	4	7	11	75	3.72	78	0.235	1.35	1.4
통산	126	8	8	12	134.1	4.96	143	0.257	1.54	0.6

토바	경기	득점	안타	홈런	타점	도루	볼넷	타율	OPS	bWAR
2023	153	79	147	15	73	11	25	0.253	0.695	2.5
통산	162	81	154	16	75	11	27	0.251	0.689	2.5

12 SEAN BOUCHARD 25 JACOB STALLINGS

션 부샤드

27세 | 외야수 | 우투우타 | 190cm 97kg | 미국

콜로라도의 우타 1루수 겸 외야수. 미국 캘리포니아주 샌디에이고 출신으로 고교 졸업 후 UCLA에 진학했고 2017년 신인 드래프트 9라운드에서 콜로라도의 지명을 받으며 프로 무대에 뛰어들었다. 마이너리그 초반 변화구 대처에 어려움을 겪었던 부샤드는 2021년 더블A에서 인상적인 성적을 남기며 주목 받기 시작했고, 2022년 트리플A에서 타율 .300 20홈런 56타점 12도루 OPS 1.038을 기록하면서 시즌 막판 빅리그에 데뷔해 27경기에서 타율 .297 3홈런 11타점 OPS .954으로 활약했다. 이런 활약을 바탕으로 2023년 중용될 것으로 보였던 부샤드는 스프링트레이닝 도중 왼쪽 팔뚝 근육 파열되는 시즌 아웃급 부상을 당했다. 그러나 수술 이후 빠른 회복세를 보이면서 트리플A에서 재활을 마친 후 9월 빅리그에 복귀한 부샤드는 비록 21경기 출전에 그쳤지만 타율 .316 4홈런 7타점 OPS 1.056이라는 준수한 성적으로 올 시즌 활약에 대한 기대를 남겼다.

제이콥 스탈링스

34세 | 포수 | 우투우타 | 196cm 102kg | 미국

골드글러브 경력 베테랑 포수. 캔자스주 로렌스 출신으로 노스캐롤라이나 대학을 나왔고 2012년 신인 드래프트 7라운드에서 피츠버그의 지명을 받았다. 마이너리그 시절부터 수비력을 인정받았던 스탈링스는 2016년 빅리그에 데뷔했다. 하지만 2016년 5경기, 2017년 5경기, 2018년 14경기 출전에 그쳤다. 본격적으로 기회를 받기 시작한 것은 2019년부터였다. 당시 71경기에서 도루 저지율 40%, DRS(수비 기여도) +14점을 기록하며 강한 인상을 남겼고 이를 바탕으로 2020년 주전 포수로 발돋움했다. 이어 2021년 112경기에서 타율 0.246 8홈런 53타점 OPS 0.704 DRS +21점을 기록하며 골드글러브를 수상했다. 그러나 2021시즌 종료 후 트레이드를 통해 마이애미로 이적한 스탈링스는 이후 2년간 타율 0.210 7홈런 54타점 OPS 0.576 DRS −9점을 기록하는 데 그치며 논텐더됐고, 콜로라도와 1년 계약을 맺었다.

부샤드	경기	득점	안타	홈런	타점	도루	볼넷	타율	OPS	bWAR
2023	21	11	12	4	7	0	4	0.316	1.056	0.6
통산	48	20	34	7	18	0	25	0.304	0.991	1.5

스탈링스	경기	득점	안타	홈런	타점	도루	볼넷	타율	OPS	bWAR
2023	88	22	46	3	20	0	27	0.191	0.565	-0.6
통산	451	129	315	24	148	1	141	0.235	0.647	4.6

44 ELEHURIS MONTERO ➡ **13 ALAN TREJO**

엘레후리스 몬테로

25세 | 내야수 | 우투우타 | 190cm 106kg | 도미니카

콜로라도의 거포 유망주. 도미니카공화국 출신으로 2014년 세인트루이스와 국제유망주 계약을 맺었고 2018년 싱글A에서 타율 0.315 16홈런 82타점 OPS 0.875를 기록하며 MLB 유망주 81위에 선정되기도 했다. 2021년 아레나도 트레이드 때 콜로라도로 이적한 후 더블A에서 타율 0.278 28홈런 86타점 OPS 0.889를 기록하며 반등에 성공했다. 2022년 트리플A에서 타율 0.310 15홈런 54타점 OPS 0.933을 기록 중이던 시즌 중반 빅리그에 데뷔해 53경기에서 타율 0.233 6홈런 20타점 OPS 0.702를 기록했다. 몬테로는 2023년에도 트리플A에선 타율 0.359 15홈런 48타점 OPS 1.129로 훌륭한 성적을 기록했지만, 빅리그에선 타율 0.243 11홈런 39타점 OPS 0.716으로 아쉬움을 남겼다. 가장 큰 원인은 변화구 대처 능력이었다. 그는 지난 2년간 171삼진을 당하며 23볼넷을 얻는 데 그쳤다.

앨런 트레호

27세 | 내야수 | 우투우타 | 188cm 92kg | 미국

멕시코계 미국인 내야수. 캘리포니아주 다우니 출신으로 샌디에이고 주립대를 나왔고 2017년 신인 드래프트 16라운드에서 콜로라도에 지명됐다. 마이너리그 첫 해 루키리그에서 타율 0.347으로 인상적인 활약을 펼쳤으나 이후 매년 단계를 밟아 올라갈수록 저조한 성적으로 아쉬움을 남겼다. 하지만 2020년 예비 명단에서 MLB 선수들과 함께 훈련을 받으며 성장한 트레호는 2021년 빅리그에 데뷔했고, 트리플A에서도 타율 0.278 17홈런 72타점 OPS 0.893을 기록했다. 2022년에도 트리플A에서 타율 0.296 16홈런 52타점 OPS 0.882를 기록한 트레호는 빅리그 콜업 후 타율 0.271 4홈런 17타점 OPS 0.736으로 발전한 모습을 보여줬다. 하지만 2023년 개막전부터 기회를 받았음에도 타율 0.232 4홈런 26타점 5도루 OPS 0.631으로 실망스러운 성적을 남겼고, 결국 지난 2024년 1월 6일 마이너리그로 계약이 이관됐다.

몬테로	경기	득점	안타	홈런	타점	도루	볼넷	타율	OPS	bWAR
2023	85	40	69	11	39	0	15	0.243	0.716	-0.1
통산	138	61	110	17	59	0	23	0.239	0.711	0.0

트레호	경기	득점	안타	홈런	타점	도루	볼넷	타율	OPS	bWAR
2023	82	24	48	4	26	5	16	0.232	0.631	0.0
통산	145	46	90	9	46	6	24	0.243	0.658	0.2

27 BRADLEY ZIMMER

47 CAL QUANTRILL

브래들리 짐머

31세 | 외야수 | 우투좌타 | 188cm 83kg | 미국

수비와 주루가 뛰어난 중견수. 캘리포니아주 샌디에이고 출신으로 샌프란시스코 대학을 나와 2014년 신인 드래프트 1라운드 전체 21번째로 클리블랜드의 지명을 받았다. 2016년 마이너리그에서 타율 0.250 15홈런 62타점 38도루 OPS 0.790을 기록하며 2017년 MLB 유망주 22위에 선정된 짐머는 2018년 빅리그에 데뷔해 타율 0.241 8홈런 39타점 18도루 OPS 0.692로 신인으론 나쁘지 않은 성적을 기록했다. 하지만 2018시즌 중반 어깨 수술을 받은 뒤 이전의 기량을 회복하지 못했고, 2022시즌 초반 토론토로 트레이드됐다. 짐머는 2022년 토론토와 필라델피아 두 팀에서 뛰었으나 타율 0.124 2홈런 5타점 OPS 0.435에 그쳤고 시즌 종료 후 논텐더됐다. 2023년 다저스와 FA 계약을 맺은 그는 부진 끝에 방출됐고 이후 보스턴과 계약했으나 빅리그 무대를 밟지 못했다. 콜로라도는 2023년을 앞두고 짐머와 마이너리그 계약을 맺었다.

칼 콴트릴

29세 | 선발투수 | 우투좌타 | 190cm 88kg | 캐나다

콜로라도의 우완 선발 투수. 캐나다 출신으로 스탠포드 대학을 나왔고 2016년 신인 드래프트 1라운드 전체 8번째로 샌디에이고의 지명을 받았다. 마이너리그 첫 해 5패 평균자책점 5.11에 그쳤지만 2년 차였던 2017년 7승 10패 평균자책점 3.80을 기록하면서 MLB 유망주 전체 40위에 선정됐고, 2019년 빅리그에 데뷔해 6승 8패 평균자책점 5.16을 기록했다. 이듬해인 2020년 10경기에서 2승 무패 평균자책점 2.60을 기록하던 중 클레빈저 트레이드 때 클리블랜드로 이적했다. 이후 콴트릴은 2021년 8승 3패 평균자책점 2.89를 기록한 데 이어 2022년 15승 5패 186.1이닝 128탈삼진 평균자책점 3.38을 기록하며 만개했다. 그러나 2023시즌 중반부터 부진에 빠지다 어깨 통증으로 부상자명단에 올랐고 4승 7패 평균자책점 5.24에 그쳤다. 시즌 종료 후 콴트릴은 포수 유망주 코디 허프와 트레이드돼 콜로라도로 이적했다.

짐머	경기	득점	안타	홈런	타점	도루	볼넷	타율	OPS	bWAR
2022	109	18	13	2	5	3	2	0.124	0.435	0.1
통산	372	121	183	21	91	42	76	0.213	0.631	2.9

콴트릴	경기	승	패	이닝	ERA	탈삼진	QS	피안타율	WHIP	bWAR
2023	19	4	7	99.2	5.24	58	8	0.279	1.47	-0.1
통산	132	35	23	570.2	3.83	427	41	0.254	1.26	6.7

26 AUSTIN GOMBER

32 DAKOTA HUDSON

오스틴 곰버

30세 | 선발투수 | 좌투좌타 | 196cm 99kg | 미국

콜로라도의 좌완 선발투수. 플로리다주 윈터가든 출신으로 고교 졸업 후 플로리다 애틀랜틱 대학에 진학했고 2014년 신인 드래프트 4라운드에서 세인트루이스의 지명을 받으면서 프로생활을 시작했다. 마이너리그 4년 차인 2017년 더블A에서 10승 7패 평균자책점 3.34를 기록하며 주목받았고, 2018년 빅리그에 데뷔해 주로 롱릴리프로 기용되며 6승 2패 평균자책점 4.44를 기록했다. 2019년을 마이너리그에서 보낸 그는 단축시즌이었던 2020년 빅리그로 콜업돼 1승 1패 29이닝 27탈삼진 평균자책점 1.86을 기록했고, 그 해 겨울 아레나도 트레이드의 핵심 카드 중 한 명으로 콜로라도 유니폼을 입었다. 이적 첫 해 곰버는 9승 9패 평균자책점 4.53으로 쿠어스필드를 홈으로 쓰는 투수치고 준수한 성적을 기록했지만, 이후 허리 부상에 시달리며 패스트볼 구속이 급감하여 2022년 5승 7패 평균자책점 5.56, 2023년 9승 9패 평균자책점 5.50에 그쳤다.

다코다 헛슨

29세 | 선발투수 | 우투우타 | 196cm 97kg | 미국

우완 싱커볼러. 테네시주 던랩 출신으로 미시시피 주립대를 나왔고 2016년 신인 드래프트 1라운드 전체 34번째로 세인트루이스의 지명을 받았다. 2018년 트리플A에서 13승 3패 평균자책점 2.50을 기록했고, 시즌 중반 빅리그에 데뷔해 불펜투수로 4승 1패 평균자책점 2.63을 기록했다. 2019년 풀타임 선발로 나선 헛슨은 16승 7패 174.2이닝 136탈삼진 평균자책점 3.35를 기록하며 NL 신인왕 투표 5위에 올랐다. 2019시즌 헛슨은 강력한 싱커볼을 앞세워 땅볼 비율 56.9%(1위)를 기록하기도 했다. 2020년에도 3승 2패 평균자책점 2.77로 순항하던 헛슨은 시즌 막판 팔꿈치 부상을 당하면서 토미 존 수술을 받았고 2021년 후반 빅리그에 복귀했다. 하지만 복귀 후 구위 저하를 겪으면서 2022년 8승 7패 평균자책점 4.45, 2023년 6승 3패 평균자책점 4.98에 그쳤다. 시즌 종료 후 논텐더 된 헛슨은 콜로라도와 1년 계약을 맺었다.

곰버	경기	승	패	이닝	ERA	탈삼진	QS	피안타율	WHIP	bWAR
2023	27	9	9	139	5.50	87	12	0.297	1.49	1.1
통산	83	23	25	483	4.90	389	36	0.269	1.38	3.1

헛슨	경기	승	패	이닝	ERA	탈삼진	QS	피안타율	WHIP	bWAR
2023	18	6	3	81.1	4.98	45	4	0.283	1.50	0.5
통산	114	38	20	470.2	3.84	315	32	0.252	1.39	4.3

49 ANTONIO SENZATELA **40** TYLER KINLEY

앤서니 센자텔라

29세 | 선발투수 | 우투우타 | 185cm 107kg | 베네수엘라

베네수엘라 출신 우완 선발투수. 2011년 콜라로도와 국제유망주 계약을 맺고 프로생활을 시작했다. 2014년 싱글A에서 15승 2패 144.2이닝 89탈삼진 평균자책점 3.11을 기록했고, 이를 바탕으로 2015시즌을 앞두고 콜로라도 팀내 유망주 11위에 올랐다. 이후로도 마이너리그에서 뛰어난 성적을 남긴 센자텔라는 2017년 빅리그에 데뷔해 선발과 불펜을 오가며 10승 5패 평균자책점 4.68을 기록했다. 2019년 11승 11패 평균자책점 6.71에 그치며 부진했으나, 2020년 5승 3패 평균자책점 3.44로 반등에 성공한 센자텔라는 2021년 4승 10패 평균자책점 4.42를 기록한 후 콜로라도와 5년 5050만 달러에 연장계약을 체결했다. 그러나 2022년 3승 7패 평균자책점 5.07에 그친 데 이어 2023년 2경기 만에 팔꿈치 부상으로 시즌아웃됐고 결국 7월 토미 존 수술을 받았다. 그는 2024시즌 후반기에 빅리그 복귀를 목표로 재활 중이다.

타일러 킨리

33세 | 불펜투수 | 우투우타 | 193cm 99kg | 미국

우완 불펜투수. 플로리다주 출신으로 고교 졸업 후 배리 대학에 진학했고 2013년 신인 드래프트 16라운드에서 마이애미의 지명을 받았다. 마이너리그에서 순조롭게 성장하던 킨리는 2015년 상위 레벨에 진입 후 평균자책점 4.53으로 어려움을 겪었지만, 이내 적응에 성공했고 시즌 종료 후 룰5 드래프트를 통해 미네소타로 이적했다. 2018년 미네소타에서 빅리그에 데뷔한 그는 4경기에서 9실점을 기록한 후 마이애미로 돌아왔으나, 마이애미 산하 트리플A에서 평균자책점 2.92를 기록하고 시즌 후반 빅리그에 재콜업됐다. 이후 2019년 평균자책점 3.65를 기록하고 웨이버 트레이드를 통해 콜로라도로 이적했다. 이적 후 2020년 평균자책점 5.32, 2021년 평균자책점 4.73을 기록한 그는 2022년 25경기에서 평균자책점 0.75를 기록하며 각성하는 듯했으나 시즌 중반 팔꿈치 수술을 받으며 시즌아웃됐다. 지난해 복귀 후 성적도 4패 평균자책점 6.06에 그쳤다.

센자텔라	경기	승	패	이닝	ERA	탈삼진	QS	피안타율	WHIP	bWAR
2023	2	0	1	7.2	4.70	4	0	0.250	1.17	0.1
통산	145	39	43	679.2	4.87	451	49	0.288	1.44	7.4

킨리	경기	승	패	홀드	이닝	ERA	탈삼진	피안타율	WHIP	bWAR
2023	18	0	4	1	16.1	6.06	17	0.318	1.65	-0.1
통산	202	7	10	26	194.2	4.58	197	0.236	1.65	1.9

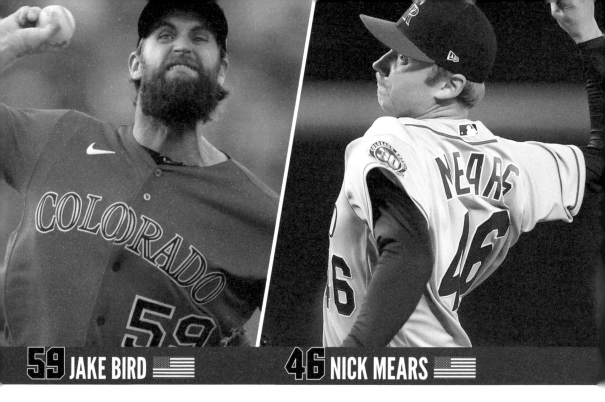

제이크 버드

28세 | 불펜투수 | 우투우타 | 190cm 90kg | 미국

우완 사이드암 불펜투수. 캘리포니아주 뉴홀 출신으로 웨스트랜치 고교 졸업 후 UCLA에 입학했고 2018년 신인 드래프트 5라운드에서 콜로라도의 지명을 받았다. UCLA 시절 선발투수로 활약하며 올아메리칸 팀에 선정되기도 했지만 프로에선 불펜투수로 전향했고, 2022년 트리플A에서 2승 2패 평균자책점 2.77을 기록한 후 빅리그에 데뷔했다. 2023년에는 70경기에 나서 3승 3패 89.1이닝 77탈삼진 평균자책점 4.33을 기록했다. 낮은 팔각도에서 나오는 평균 95마일(152.9km/h) 싱커가 주무기로 마이너리그 시절에는 땅볼 비율이 70%에 육박했고, 메이저리그에서도 땅볼 비율 53.9%를 기록하고 있다. 또한 선발투수 출신답게 커터, 커브, 슬라이더, 체인지업 등 다양한 구종을 구사할 수 있다. 지난해에는 9이닝당 볼넷을 2.7개로 낮추면서 약점이었던 제구력 면에서도 큰 발전을 이루면서 FIP(수비무관 평균자책점) 3.55를 기록했다.

닉 미어스

27세 | 불펜투수 | 우투우타 | 188cm 90kg | 미국

우완 불펜투수. 캘리포니아주 새크라멘토 출신으로 록클린 고교 졸업 후 세크라멘토 대학에 진학했지만 2018년 신인 드래프트에서 지명되지 못하면서 피츠버그와 논-드래프티 계약을 맺었다. 하지만 마이너리그 풀타임 첫 해였던 2019년 싱글A와 더블A에서 5승 3패 5세이브 평균자책점 3.28이라는 준수한 성적을 남겼고, 이를 바탕으로 단축시즌으로 진행된 2020년 빅리그에 데뷔했다. 그러나 2021년 30경기에서 평균자책점 5.01에 그쳤고, 팔꿈치 수술을 받고 복귀한 2022년 마이너리그에서도 평균자책점 4.80에 머물자 피츠버그는 시즌 종료 후 미어스를 지명할당(DFA)했다. 이후 웨이버 트레이드를 통해 텍사스로 이적했으나 얼마 못 가 FA로 영입한 네이선 이볼디의 자리를 만들기 위해 텍사스에서도 DFA 된 미어스는 2023년 1월 웨이버 클레임을 건 콜로라도로 이적했다. 이적 후 미어스는 2023년 16경기에서 평균자책점 3.72을 기록했다.

버드	경기	승	패	홀드	이닝	ERA	탈삼진	피안타율	WHIP	bWAR
2023	70	3	3	13	89.1	4.33	77	0.276	1.35	1.0
통산	108	5	7	-	137	4.53	119	0.266	1.38	1.3

미어스	경기	승	패	홀드	이닝	ERA	탈삼진	피안타율	WHIP	bWAR
2023	16	0	1	1	19.1	3.72	21	0.194	1.45	0.4
통산	52	1	1	18	49.2	4.35	53	0.232	1.59	0.4

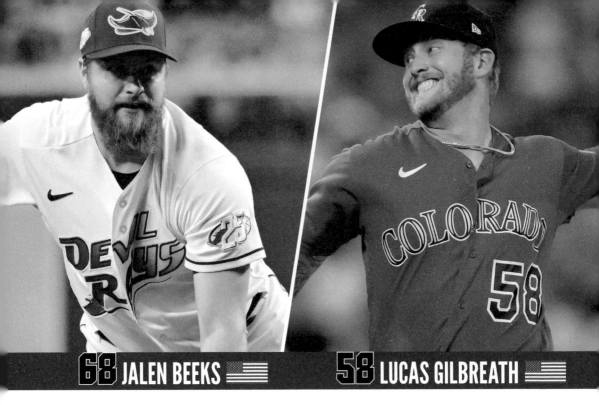

68 JALEN BEEKS

제일런 빅스

30세 | 불펜투수 | 좌투좌타 | 190cm 97kg | 미국

좌완 불펜투수. 아칸소주 출신으로 고교 졸업 후 크로더 칼리지에 진학한 다음 아칸소 대학으로 편입했고 2014 년 신인 드래프트 12라운드에서 보스턴의 지명을 받았 다. 마이너리그 시절 선발투수였던 빅스는 2017년 11승 8패 평균자책점 3.29으로 '보스턴 올해의 마이너리그 투 수'로 선정됐고, 2018년에는 트리플A에서 2점대 평균자 책점을 기록한 후 빅리그에 콜업됐다. 하지만 데뷔 후 2 경기 만에 이볼디와 트레이드돼 탬파베이로 이적했다. 이 적 후 주로 롱릴리프로 나서며 무난한 활약을 펼치던 빅 스는 2020년 팔꿈치 부상으로 토미 존 수술을 받았고 2021년에는 마운드에 오르지 못했다. 하지만 재활 과정 에서 패스트볼 평균 구속이 95마일(152km/h)까지 상승 했고 2022년 오프너와 좌완 필승조를 오가면서 평균자 책점 2.80으로 맹활약을 펼쳤다. 그러나 2023년 2승 3패 평균자책점 5.95에 그치자 DFA 됐고, 웨이버 트레이드를 통해 콜로라도로 이적했다.

58 LUCAS GILBREATH

루카스 길브레스

27세 | 불펜투수 | 좌투좌타 | 185cm 83kg | 미국

좌완 불펜투수. 콜로라도주 웨스트민스터 출신으로 고교 졸업 후 2014년 신인 드래프트 36라운드에서 콜로라도 의 지명을 받았지만, 미네소타 대학에 진학했고 3년 후 인 2017년 신인 드래프트 7라운드에서 콜로라도의 지명 을 받고 계약을 맺었다. 프로 3년 차인 2019년까지 선발 투수로 출전했던 길브레스는 마이너리그 통산 평균자책 점이 5점대였을 정도로 어려움을 겪었다. 그러나 2021년 불펜으로 보직을 옮긴 후 빅리그에 데뷔한 길브레스는 47 경기에서 3승 2패 평균자책점 3.38을 기록하며 브레이크 아웃에 성공했다. 길브레스의 성공 비결은 불펜으로 보직 을 전환한 후 긴 이닝 소화에 대한 압박에서 벗어나 주무 기인 패스트볼과 슬라이더를 전력 투구하는 데 집중하면 서 장점을 살린 데에서 찾을 수 있다. 길브레스는 2022년 에도 47경기에서 2승 무패 평균자책점 4.19로 활약했지 만 2023년 3월 토미 존 수술을 받으면서 지난해에는 한 경기도 등판하지 못했다.

빅스	경기	승	패	홀드	이닝	ERA	탈삼진	피안타율	WHIP	bWAR
2023	30	2	3	2	42.1	5.95	47	0.251	1.49	-0.7
통산	131	16	11	12	277.2	4.38	274	0.261	1.41	0.8

길브레스	경기	승	패	홀드	이닝	ERA	탈삼진	피안타율	WHIP	bWAR
2022	47	2	0	12	43	4.19	49	0.242	1.47	0.5
통산	94	5	2	16	85.2	3.78	93	0.224	1.39	1.5

MLB WORLD TOUR

COLUMN 대한민국에서 메이저리그를 좋아한다는 것은 기약 없는 짝사랑과도 같았다. 어쩌다 메이저리그 팀이 일본을 찾는다는 소식이 들릴 땐 부러움을 느꼈고, 늘 불발에 그쳤던 한국에서의 이벤트 경기 추진에 대해선 의심의 눈초리부터 보냈다. 반복된 좌절은 메이저리거 방한 소식에 냉소만 갖게 했고, '나는 언제쯤 메이저리그 경기장에 직접 갈 수 있을까'라는 생각만 하게 만들 뿐이었다. 언제가 될지 모르는 그날을 기다리며, 낮과 밤이 다른 시차 속에서 영어를 듣고 읽는 번거로움마저 좋아해야 했다. 이런 여러 힘듦과 수고로움 탓에, 보통 이 사랑은 오래 가지 못하고 중간에 끝나버리는 경우가 많았다.

이번 서울 시리즈가 갖는 의미는 그 외로운 사랑이 어느 정도 '응답'을 받았다는 것에 있다. 흠모의 대상으로부터 돌아온 문자 메시지 하나에 온종일 행복할 수 있는 것처럼, 이번 빅리그 선수들의 방한은 그 자체로 어느 정도의 '보상'이었다. 학생 시절엔 금전적인 여유가 없어 수백만 원을 들여야 하는 LA 여행길에 오르지 못했고, 사회인이 된 이후엔 시간이 부족해 다저 스타디움을 찾지 못했던 이들이 서울에서 메이저리그 스타를 볼 수 있는 기회를 얻은 것이다. 꼭 LA 다저스의 팬이 아니어도 괜찮았고, 샌디에이고 파드리스를 응원하지 않아도 좋았다. 투수가 던진 공의 분당회전수, 타자

 # 서울 시리즈의 의미

가 기록한 타구 속도도 아무래도 상관없었다. 서울 고척돔에서 파드리스 소속 딜런 시즈의 공을 받아쳐 대형 홈런을 뽑아낸 LG 트윈스의 오지환을 보고 느낀 전율이나, 오타니 쇼헤이의 이적 후 데뷔 첫 안타가 키움 히어로즈의 구장 외야를 가로지르는 등 초현실적이지만 엄연히 현실인 장면을 보며, 우리는 그 어느 때보다 메이저리그를 가깝게 느낄 수 있었다. 과거에는 TV 및 스트리밍 중계 화면 속 빅리거가 주는 경이로움이 내가 느낄 수 있는 감정의 전부였다면, 이젠 우리 집에 찾아와 내 눈앞에 있었던 '손님'으로 그들을 볼 수 있게 됐다.

빅리그 선수들이 미국으로 돌아감에 따라 우리의 짝사랑은 다시 많은 수고로움을 필요로 하겠지만, 이번 서울 시리즈는 야구에 얽힌 모두의 '관계'를 바꾼 사건으로 기억될 것이다. 대회 기간 내내 방송 및 취재에 임했던 이들은 미국 관계자들과 다진 친분으로 향후 더 입체적인 콘텐트를 만들 수 있을 것이고, 빅리거와 부딪혀 본 선수들은 아무리 큰 돈으로도 살 수 없는 '자극'을 받았다. 매경기마다 관중석 어딘가에서 볼 수 있었던 유소년 야구선수들은 더 큰 꿈을 꾸게 되었고, 성공적으로 치러진 대회 덕에 메이저리그 사무국은 개최지로서의 대한민국을 다시 생각할 수 있게 됐다. 대회는 끝이 났지만, 서울 시리즈의 유산은 이제 막 움트기 시작했다.

2024 MLB | NL WEST | GUIDE-BOOK

1ST PUBLISHED DATE 2024. 4. 12
2ND PUBLISHED DATE 2024. 5. 3

AUTHOR Han Seunghoon, Lee Hyunwoo, Do Sanghyun
PUBLISHER Hong Jungwoo
PUBLISHING Brainstore
EDITOR Kim Daniel, Hong Jumi, Lee Eunsu, Park Hyerim
DESIGNER Champloo, Lee Yeseul
MARKETER Bang Kyunghee
E-MAIL brainstore@chol.com
BLOG https://blog.naver.com/brain_store
FACEBOOK http://www.facebook.com/brainstorebooks
INSTAGRAM https://instagram.com/brainstore_publishing
PHOTO Getty Images, Hello Archive(AP) Yonhap News

ISBN 979-11-6978-029-2(03690)